CRÔNICAS DE UM PASSADO PRESENTE

Mufula

Recife – 2024

Capa por Mufula

Edição por Felix C. G. Santos

ISBN 978-65-00-97021-0

Dados Internacionais de Catalogação na Publicação (CIP)
(Câmara Brasileira do Livro, SP, Brasil)

```
Mufula
    Crônicas de um passado presente / Mufula. --
Recife, PE : Ed. do Autor, 2024.

    ISBN 978-65-00-97021-0

    1. Crônicas brasileiras 2. Memórias
autobiográficas I. Título.

24-198023                              CDD-B869.8
```

Índices para catálogo sistemático:

1. Crônicas : Literatura brasileira   B869.8

Eliane de Freitas Leite - Bibliotecária - CRB 8/8415

Dedicatória

Dedico este livro a Cupira, cidade onde nasci e morei nos primeiros 17 anos da minha vida. Faço também uma dedicatória póstuma a minha mãe Minervina e a meus irmãos Batola, Deda, Bizé e Tatonha. Dedico também às minhas filhas Júlia e Sofia, meu neto Nahinã e à minha companheira Baixinha, de mais de quarenta anos de convivência.

Índice

Prefácio

Conheci Mufula há quase 40 anos. Eu nasci em Montes Claros, Norte de Minas Gerais, e Mufula em Cupira, Agreste de Pernambuco. Ambos saímos de nossas cidades para estudar. Mufula oriundo de uma família de 21 irmãos e irmãs e eu de uma família de nove irmãos e irmãs. Eu querendo ir pra longe da minha família e Mufula carregando a sua dentro de si. Aliás, ele carregava (e ainda carrega) também sua cidade, Cupira inteirinha, com D. Minervina – a mãe dele – no centro de tudo. Em qualquer encontro, Mufula nos encantava de três formas: com seu violão, com sua voz e com suas histórias. Eu precisaria de outro prefácio para falar do violão e da voz de Mufula e de sua intensa dedicação à música. Como eu só tenho este espaço, vou falar da minha percepção desta fusão de memória, afeto e criação que constitui o universo das suas histórias. É um espetáculo, que eu tive a honra e o prazer de assistir por diversas vezes, vê-lo contando – com suas expressões e sotaques do povo do Agreste Pernambucano – cada uma das histórias deste livro. Seria um desastre antropológico de grande magnitude se ele deixasse de registrá-las, impedindo que as futuras gerações pudessem ver o que é uma vida presa à sua existência real, mas encantada pela sua recriação no imaginário das pessoas. E, claro, também recriada, reanimada e reencantada pela mente de Mufula.

A primeira coisa que chama a atenção é que Mufula nunca fez anotações. Dono de uma memória prodigiosa, todas as histórias e seus personagens estão sempre presentes em suas recordações. Lugares, nomes, apelidos, situações, vivências, ... tudo. Aliás, devido ao número impressionante de personagens perfeitamente caracterizados, eu costumava dizer, brincando, que ele criava pessoas que nunca existiram. Ainda, para atormentá-lo um pouco mais, eu afirmava que tinha verificado que o número de pessoas incluídas no registro civil de Cupira era menor do que o número de personagens de suas histórias. Sua reação indignada era afirmar, de pés juntos, que todos os seus personagens eram reais, pessoas que viveram e fizeram parte do seu mundo de criança e adolescente em Cupira. Durante o processo de transferir suas histórias para o papel, ele me contava que não poderia contar algumas delas sem solicitar a permissão dos familiares de alguns personagens. Poderia ocorrer que alguém se sentisse ofendido ou se visse como motivo de chacota. Portanto, estas pessoas realmente existiram. No entanto, Mufula me advertiu, parafraseando Manoel de Barros e em uma forma corriqueira no Alto Pajeú, que "só 10% é ficção, mas o resto é mentira".

Há um universo de peculiaridades tanto na estrutura como na forma das narrativas de Mufula. Na grande maioria, as histórias são curtas e, como não podia deixar de ser, em todas o narrador está presente, informando e vivenciando o desenrolar dos eventos. Esta vivência do narrador na história é enriquecida pela contextualização das paisagens da cidade, pelos hábitos de seus moradores, pela proximidade criada com o detalhamento dos personagens e de seus familiares, que o autor usa muito habilmente, produzindo uma agradável imersão do leitor na trama que se desenrola.

A primeira coisa que se percebe, no entanto, é a presença – umas vezes sutil, outras vezes arrombando a porta – do humor. Invariavelmente, a indução deste estado de espírito no leitor está relacionada com a combinação de linguajar desabrido e ingênuo ou inesperado dos personagens, ou com a disposição para o lúdico de alguns dos habitantes – mesmo entre os adultos – de Cupira produzindo situações inusitadas.

2

Mufula integra em sua vida duas coisas que às vezes funcionam como aspectos diferentes, mas indissociáveis. Um deles é a sua relação com Cupira, o que fez com que ele nunca deixasse de ser criança. Parece ser de onde ele retira sua energia criativa, ao ponto de, nos mapas dos seus trabalhos científicos, colocar a localização de Cupira com muito mais evidência do que outras cidades muito maiores, como Caruaru ou mesmo Recife. O segundo aspecto é a sua mãe, D. Minervina, seu centro de referência do afeto e, ao mesmo tempo, sua referência de desafio às convenções – sejam elas sacras ou profanas – e de dedicação à cultura nordestina. Nos textos deste livro, estes dois aspectos se reforçam, são deslocados para um mesmo lugar ou se opõem, fornecendo o contexto de uma linda e rica homenagem à sua origem.

Após a leitura deste livro, o leitor irá, certamente, concordar que pessoas como Mufula e cidades como Cupira dificilmente se desenvolvem no mundo de hoje, onde o transtorno das vidas humanas se deslocou do mundo material para o virtual, do encontro de corpos para o encontro de imagens, da solidariedade e do afeto para a indiferença e do espírito para o vazio. Mas, talvez mantendo a esperança como um ritual, possamos, juntos com Mufula, desafiar as tecnologias que nos isolam, nos privando de uma das coisas mais lindas e desafiadoras: a nossa convivência real, corporal, com nossas cidades e seus habitantes.

Felix C. G. Santos

Notas do autor

A ideia de escrever este livro nasceu da insistência e generosidade de amigos, que acharam graça nas histórias da minha convivência com meu povo. Eu também vinha alimentando a ideia de deixar alguma coisa pessoal escrita para o meu neto Nahinã, cuja convivência é esporádica pelo fato de morarmos longe um do outro. Sempre tive problemas em me expressar com palavras. Por isso, ao resolver levar à frente a ideia de escrever este livro, optei por contar as histórias na primeira pessoa. Para mim fica mais fácil. É como se eu estivesse conversando com o leitor. São histórias de gente simples, que tem um vocabulário peculiar, muito expressivo e que vem da roça, do povo simples e criativo. Aprendi, compreendendo esse vocabulário, muito do sentimento dessa gente sofrida e abandonada, mas de grande capacidade de resiliência, resistência e criatividade. Não me interessam histórias de figurões da chamada elite dominante, da alta sociedade. O Brasil oficial só me interessa quando é para lutar contra a desigualdade que ele promove. O que me interessa culturalmente é o Brasil real, de Machado de Assis e Ariano Suassuna. É desse povo que nasce toda a arte e toda cultura brasileira. Foi nos versos e na pisada forte da mazurca do velho Japiassu, na arte de fazer selas e sapatos de seu Duardo sapateiro, nos sons das bandas de pifes e dos dobrados da banda de musica local e no coco cantado por Azulão, ainda adolescente, vendendo picolé na calçada da igreja de Cupira, que construí todo o meu entendimento da vida. Foi na linguagem "chula" falada na intimidade da família, nas brincadeiras e nas manifestações artísticas dentro de casa, que entendi que havia duas maneiras de nos comportarmos perante a vida. O teatro exercido lá fora e a real liberdade da fala e do comportamento sem hipocrisia. Aqui, conto pequenas histórias, das quais participei ou que ouvi contadas pelos meus amigos conterrâneos. Algumas falas e descrições, no entanto, parece que só aconteceram na minha mente. Por isso considero este, um livro de ficção baseado em fatos que verdadeiramente aconteceram nos 17 anos que passei na minha terra natal. A época era ainda mais machista do que hoje e o controle sobre a mulher, ainda maior. Entretanto, as mulheres de que falo aqui, são fortes e protagonistas, apesar dos limites dentro do seu núcleo familiar. O livro não tem sequencia temporal. O título *Crônicas de um Passado Presente*, quer dizer que eu saí de Cupira, mas nunca deixei-a realmente. É como se estivesse lá todo tempo. Nunca me desliguei completamente da minha terra. Na minha atividade de geólogo, construí um mapa dos terremotos de Pernambuco. Coloquei o nome e o símbolo de Cupira maior do que os de Caruaru, Palmares e Garanhuns. Questionado pelos alunos, respondi imediatamente que o mapa quem fez foi eu e, sendo assim, eu coloco o nome e o símbolo da minha cidade do tamanho que eu quiser. Não foi à toa que dediquei este livro a Cupira. É verdadeiramente um ato de amor e reconhecimento por tudo o que vivi e aprendi com esse povo sábio e generoso Ao completar essa viagem a um passado não tão longínquo, o leitor vai perceber que assistiu a um filme imaginário, onde os personagens são pessoas comuns tornadas interessantes por motivos ocasionais, atuando no cotidiano da sua própria cultura.

Agradecimentos

A primeira pessoa a quem devo fazer um enorme agradecimento é ao meu querido amigo, parceiro em um bocado de músicas, poeta, escritor e professor de engenharia mecânica Felix Cristian. Tenho certeza que este livro não sairia se não fosse a generosidade e a disponibilidade deste amigo querido em me ajudar em todas as etapas da elaboração deste difícil trabalho. Além de dar toda força e incentivo para que eu escrevesse, ainda corrigiu o português, fez a formatação, deu sugestões e escreveu um prefácio profundamente bondoso. Meu amigo Felix foi imprescindível nesse trabalho. Foi na verdade, meu orientador na feitura deste complicado trabalho que é conceber e escrever um livro. Muito obrigado, meu caríssimo amigo!

Agradeço também aos amigos, não menos caros, Heitor Scalambrini e José Maria Barbosa, que acompanharam dando força e estímulo para que eu não desistisse dessa empreitada complicada.

Meus agradecimentos também às minhas irmãs Fátima e Aparecida, bem como ao meu irmão Onildo, uma vez que expus intimidades da família e, apesar disso, não me impuseram nenhuma restrição, pelo contrário, me instigaram a continuar.

Às minhas filhas Sofia e Júlia e à minha companheira Baixinha também pelo estímulo, por lerem e criticarem e por tolerarem minha ausência o dia todo trancado em meu canto, na agonia de contar as histórias da melhor maneira possível, dentro das minhas possibilidades.

Aqui faço um agradecimento póstumo a meu cunhado João de Dadão, que me contou parte das histórias das quais não participei e, dessa maneira, também prestou uma grande contribuição ao conteúdo deste livro.

Agradeço também a Uzias e a Bival, que generosamente responderam às minhas indagações a respeito de detalhes em algumas histórias, dos quais eu tinha dúvidas.

A todas e todos, meu muito obrigado por tudo.

A cadeira elétrica

A chegada de um Circo na cidade era sempre um acontecimento. Sem televisão e cinema apenas uma vez por semana, Cupira agora tinha opção de lazer toda noite. De dia também, porque o divertimento começava logo no anúncio do espetáculo:

- Hoje tem espetáculo?

- Tem sim, senhor!!!

- Às oito horas da noite?

- Tem sim, senhor!!!

- Hoje tem palhaçada?

- Tem sim, senhor!!!

- E arrocha negrada!!!

- ÊÊÊÊÊÊÊÊÊ...

A pergunta era do palhaço, muitas vezes com pernas de pau, enquanto que as respostas eram dadas por crianças, cuja idade média não passava de 8 anos. Fui muito tempo dessa turma que no fim da empreitada, era marcada com tinta para entrar no circo, sem que fosse preciso pagar. Mas, dessa vez foi diferente. O Circo não tinha orquestra e, em toda cidade que chegava, arregimentava músicos para acompanhar, as atrações. Eu tinha de 11 para 12 anos e já tocava no conjunto Os Teimosos, que estava no começo da sua formação. Então fomos contratados para tocar no circo. Três violões (Cícero Cândido, Gildo Antônio e eu), uma bateria (Zé Pitoco) e um sax (Zé Maria de Panelas). Essa era a formação da "orquestra" contratada para acompanhar toda noite, as apresentações artísticas do Circo. No primeiro dia, fomos à tarde instalar os equipamentos e conhecer o pessoal. Eu estava curiosíssimo, uma vez que o ambiente do Circo me atraia enormemente. Logo que chegamos, dei uma olhada geral e parei na imagem mais bela de toda minha vida até aquele momento. Uma menina linda, de aproximadamente 14 anos, cujo sorriso me enfeitiçou imediatamente. Muito tímido, baixei os olhos, mas a imagem daquele sorriso me desconsertou. Arrumei alguma coisa para fazer e disfarçar, mas de vez em quando, não resistia, olhava e ela estava olhando pra mim. Matuto desconfiado, complexado, porque era gordo, não tive coragem de conversar com aquela lindeza. Mas ela veio conversar comigo:

- Oi! Que instrumento você toca?

- Violão! E você, trabalha no Circo?

- Sou filha do dono e faço um numero com meu pai.

- O que?

- Não vou dizer. Você vai descobrir à noite.

Saí de lá, levitando a uns dois metros do chão. Nunca uma menina tinha conversado comigo com tanta delicadeza e atenção. Fomos pra casa nos arrumar para o primeiro dia como músicos profissionais. Tinha cachê e tudo. Tomei café rapidamente (no interior, pelo menos em Cupira, não se jantava, tomava-se café) e fui. A timidez é uma desgraça. Não sei descrever a sensação, mas era uma mistura de vontade de vê-la com vergonha de encontrá-la. Quando cheguei, não a vi. Começou o espetáculo. Tocamos El Relicário, que era a característica do conjunto e depois entraram os palhaços. As pessoas acomodadas nos chamados "poleiros" e nas cadeiras davam muitas risadas! Terminada a apresentação dos palhaços:

- Atenção senhoras e senhores!

- Rufem os tambores!

Zé Pitoco na caixa da bateria:

- Trururururururru

Brada o apresentador.

- Respeitável publico! O Circo IRMÃOS SILVA orgulhosamente apresenta:

- A CADEIRA ELÉTRICA!!!

Trouxeram uma cadeira metálica, meio cadeira de dentista, toda cheia de lâmpadas, correntes e presilhas para o palco. Logo após, a menina e o pai dela em um salto espetacular, surgem no tablado de mãos dadas. Ela linda de biquíni e corpete verdes de lantejoulas brilhantes e um "diadema" enfeitado com pequenas flores coloridas, parecia uma princesa daquelas de conto de fadas. O pai com uma calça vermelha, blusa branca e um colete azul reluzente, apresentava-a com orgulho e cerimonia pedindo aplausos. A menina foi conduzida pelo pai à cadeira com toda delicadeza e quando sentou, foi imediatamente amarrada com correntes e presilhas. A cadeira parecia mais um equipamento de tortura.

- Será que vão eletrocutar a bichinha?

Falei pra Zé Pitoco.

Apagaram-se todas as luzes do circo. Neste momento aconteceu uma visão fantástica que me acompanhou o resto da minha vida. A cadeira elétrica foi ligada e luzes fluorescentes apareceram piscando na em um movimento, que no escuro desenhava a cadeira como se não tivesse ninguém ali. Depois iniciou-se uma sequência de luzes neon apagando e acendendo em uma dança maravilhosa, culminando com pequenas luzes contornando o corpo da menina. Terminou acendendo seu diadema, iluminando-a toda e tornando-a ainda mais linda. Depois todas as luzes da cadeira foram apagadas e o pai pegou uma lâmpada fluorescente daquelas antigas, feito um bastão comprido e acendeu direto no braço, no nariz, na orelha e na ponta dos dedos da menina. Era uma luz neon de um azul escuro intenso, que dava uma sensação gostosa de densidade no ambiente, que só senti novamente, em duas ocasiões. A primeira, anos depois dançando em um baile, cuja iluminação era de luz negra e a segunda quando trabalhei em uma mina de Scheelita, que para ver este mineral em uma galeria a 30 metros de profundidade, tínhamos que acender uma luz ultravioleta com um equipamento chamado "mineral light", que dava essa mesma sensação. Para mim foi um delírio. Não dormi naquela noite! Paixão platônica total! Apesar dos hormônios a todo vapor, só conseguia pensar na beleza e na paz, que aquela figura me transmitia. Todo dia, antes do café da manhã, tinha que passar no Circo para vê-la, pelo menos de longe. O tempo foi passando e somente na ultima semana do Circo na cidade é que tivemos uma maior aproximação. O primeiro beijo, meu e dela.

Fui ao céu e voltei! Dois dias depois ela foi embora e nunca mais eu a vi. O engraçado é que não lembro o nome dela e acho que ela também não deve lembrar o meu. Se lembrar de mim como lembro dela, está de bom tamanho!

Dr. Brick-Brack

A feira de Cupira sempre foi a melhor da região. Acontecia e ainda acontece sempre nas quartas-feiras. No entanto, a preparação começa ainda na terça-feira com a montagem dos bancos ou bancas, como se diz hoje. Montados, os bancos serviam de esconderijo para uma brincadeira que havia na época chamada de "Tu aí". Nessa brincadeira, duas turmas rivais de meninos se dispersavam e se escondiam. Qualquer um que encontrasse um membro da turma rival poderia "rendê-lo" e ele ficaria preso, isto é, imóvel no lugar onde foi encontrado. Ganhava a turma que conseguisse "render" todos da outra turma. O espaço para a brincadeira era grande, pois os bancos enchiam as ruas do Comércio, Aderbal Jurema, Rua Preta e a Rua do Cruzeiro. Algumas dessas ruas mudaram de nome. Uso sempre os nomes conhecidos da minha época. Não sei os nomes atuais da Rua do Tôco, da Rua da Sede, da Rua do Comércio, da Rua Preta, nem da Rua do Cruzeiro. Na dinâmica da cidade, o dia de feira era um dia de trabalho, mas de muita diversão também. Tinha o Homem da Cobra vendendo remédios que curavam tudo:

- Eu quero ver dor no espinhaço, espinhela caída, peitos abertos, desintrusidade e caetana desanimada para o Lambedor Santa Terezinha não curar!

Tinha o vendedor de Folhetos de Cordel, que cantava lindamente os verso lidos:

Na cidade de Gênova
Havia um negociante
De dinheiro e muitos prédios
Ele contava bastante
E na forma de viver
Era mais interessante

Tinha o vendedor de "mangaio", que balançando um chocalho, fazia a maior zoada do mundo:

- Tenho chucaio, prego, colorau e tempero em geral. Bora comprar?

E tinha o Dr. Brick–Brack!

- Aquele homem que anda nervoso e com qualquer coisa ele explode e quer bater em todo mundo!

- Aquele homem que anda acabrunhado e não tem sustança pra nada!

- Aquele homem, que a mulher chama pra brincar e ele não quer conversa, dizendo que o tempo de criança já passou!

- Tudo isso tem cura! Venha pegar nas bananas do Dr. Brick–Brack e seja um homem feliz!

Dizia com voz pausada e ar doutoral. Elegantemente vestido com um terno de linho azul claro, fazia sua propagando com a maior finura. Vendia choques elétricos. Isso mesmo, choques elétricos! O equipamento usado era um dínamo com uma manivela, que quando acionada, gerava uma descarga elétrica, que atingia a pessoa nervosa, dando-lhe um solavanco e aliviando-lhe de alguma maneira, as tensões. Alguns até davam um gritinho. Depois de umas quatro ou cinco descargas, o cidadão saia levinho, levinho! Mas um descuido ao manipular o aparelho, fez com que o Dr. Brick–Brack derrubasse o dínamo, quebrando-o. Colocou o dínamo no conserto em Caruaru, onde morava e, enquanto isso ficou matutando o que faria sem o seu ganha-pão. O equipamento quebrou no sábado, na feira de Panelas. Como ganhar o dinheiro do leite dos meninos na quarta-feira em Cupira? O Dr. Brick–Brack não teve dúvida. Comprou uma caixa de Detefon, misturou com cinza de fogão para aumentar o volume e render mais, fez pacotinhos e foi vender na feira.

- Senhoras e senhores! Tenho aqui a maior inovação em remédios para matar baratas. Tecnologia de primeira! Um pó milagroso, que a barata nem percebe que morreu, de tão rápido e eficiente que é. Digo mais! Se não funcionar, eu devolvo o dinheiro na próxima quarta-feira.

Disse isso prevendo que o seu equipamento de choque a essa altura, já estivesse em condições de ser usado. Vendeu tudinho. Na feira da outra semana, o dínamo ainda estava quebrado e o Dr. Brick–Brack teve que vender o Detefon batizado de novo. Estava empolgado fazendo a sua propaganda e, quando disse que devolveria o dinheiro, apareceu um mulher balançando um pacotinho:

- Eu botei por todo canto lá em casa e não matou barata nenhuma. Até aumentou!

- Como foi que a senhora utilizou o produto?

- Eu espalhei pelos cantinhos das paredes, como o senhor ensinou.

- Eu não disse? A senhora colocou errado! Era pra pegar a barata e botar na boquinha dela!!!

Disse com toda convicção, o Dr. Brick–Brack e a plateia caiu
na gargalhada.

Castigo

Castigo era um jogador inveterado que vivia na sinuca de Dadão, inclusive quando não estava jogando, ajudava no movimento dos jogos que aconteciam no recinto. Castigo tinha muito medo de almas e de defuntos. Medo não. Castigo tinha verdadeiro pavor. Certo dia alguém lhe ofereceu pela metade do preço, uma bela casa que ficava na mesma rua do cemitério. Castigo disse que nem de graça moraria lá.

- Não moro perto de defunto, nem por cem contos!

Outro dia jogando carteado com Zé Aranha na sinuca de Dadão, num quartinho lá atrás, próprio para jogos de azar, notou que Aranha, além atrapalhar seu raciocínio, ainda o estava roubando. Pisquila, que era um outro jogador contumaz e que também ajudava nos negócios de jogos, às vezes guardava o revólver que tinha em uma gaveta, na própria mesa do jogo, à qual Castigo tinha acesso. Quando notou que estava sendo passado para trás, Castigo puxou o revólver da gaveta e apontou para Zé Aranha. Todo mundo se afastou surpreso e com medo, pois Castigo nunca havia sido violento. Mas ele estava transtornado e tremendo.

- Você está me roubando. Vou acabar com você.

Disse Castigo, pálido e com os olhos esbugalhados.

- Não faça isso, Castigo.

Diziam as pessoas que estavam "apiruando" o jogo.

- Eu só não mato você agora, seu filho da puta, porque tenho medo de defunto. Senão você ia ver!

Vara

Toda cidade tem um bêbado e em alguns casos muito espirituoso. Cupira não foge à regra. Vara era um rapaz novo, comprido e muito magro. Daí o apelido Vara, que ele aceitou como nome e pelo qual atendia sem cerimonia. Vara morava e trabalhava no sitio Serrote Liso, onde era agricultor e só aparecia na cidade quando ficava bêbado. Pelo que me consta, passava uns oito meses trabalhando e três ou quatro meses bêbado. No período etílico, quando aparecia descendo a ladeira de Chico Dandu, vinha tombando, quase caindo e em zig zag.

- Lá vem Vara desenhando.

Dizia meu pai se referindo ao zig zag percorrido pelo rapaz com equilíbrio já comprometido pela "branquinha".

Nesse estado etílico, Vara passava vários meses na cidade, sempre desorientado e só quando estava fraco é que desaparecia, voltando para o seu lugar. Enquanto estava na cidade, Vara pedia comida pelas casas onde ele achava que tinha acolhida. Uma dessas casas era a de Dona Minervina, a casa da minha mãe, que era a rezadeira mais famosa e mais competente da cidade. Aquela rezadeira que cura, mas quer que todo mundo se converta.

Certo dia Vara chegou na porta lá de casa e pediu:

- Dona Minervina, me dê um pouco de comida, que estou morrendo de fome.

Mamãe trouxe a comida e enquanto Vara comia, ela tentou tirá-lo daquele vicio desgraçado.

- Vara, por que tu não deixas de beber? Tu és um rapaz jovem ainda, com a vida toda pela frente e entregue a essa bebedeira! Deixa de beber tanto!

Vara olhou-a meio de soslaio, ficou calado e continuou comendo. Então ela decidiu:

-Vou fazer uma promessa com Santo Antônio do Rio de Janeiro para você deixar de beber.

- Ô Dona Minervina, Santo Antônio agora está morando no Rio de Janeiro, é?

Disse prontamente Vara. Minha mãe séria desarmou-se e caiu na risada. Não resistiu ao comentário inocente e espirituoso, mesmo bêbado, do etílico interlocutor.

Mané de Gato

Mané de Gato era um senhor alto, branco, forte, conversador e que falava muito alto. Quem estivesse na esquina da Rua Francisco Dandu com a Rua Aderbal Jurema, ouviria Mané de Gato fazendo compras na venda de seu Dino relativamente distante. Era muito sério quando sóbrio, mas quando bebia, arrumava confusão, na maioria das vezes em casa mesmo, com a mulher e/ou com o filho, que tinha o nome de Zé Bahia. Fazia o maior escândalo gritando no meio da rua dizendo horrores da mulher e/ou do filho na frente da sua casa. Mané de Gato foi candidato a vereador de Cupira uma única vez. Não tenho certeza se foi eleito ou não. O fato é que gostava muito das reuniões da câmara de vereadores, cujo prédio localizava-se na Rua da Sede. Não perdia uma planária da câmara. Certo dia estava na plateia concentrado em um discurso do presidente da câmara Epitácio, quando sentiu um cheiro desagradável.

- Peidaram!

Disse Mané de Gato bem alto com aquele vozeirão, ao ponto de abafar a voz de Epitácio, que parou espantado. Nesse momento a risada foi geral.

- Como é que o caba sai de casa pra vir peidar, logo na câmara de vereadores? Não tem educação não, é?

Fez o maior discurso defendendo a educação e o respeito ao nariz do próximo e se retirou. Ninguém contestou nem assumiu o evento mal cheiroso e a reunião continuou normalmente.

Pedro Vitorino

Meu amigo de infância, Pedro Vitorino, era filho de Zé Vitorino, um "ajudante de caminhão" muito conhecido na cidade. "Ajudantes de caminhões" são aquelas pessoas que são pagas para carregar e descarregar os caminhões de feijão, milho, café em grãos, etc. Em alguns lugares, são chamados de "Chapeados". Quando cresceu, Pedro Vitorino seguiu a mesma profissão do pai. Deve ter começado a carregar sacos de 60 quilos, lá pelos 15 anos. Era um serviço muito pesado para praticamente uma criança. Forte, Pedro aguentou bem aquele trabalho que ele gostava, porque lhe rendia algum dinheiro para ajudar nas despesas de casa. Mas quando tinha por volta de dezessete anos Pedro começou a beber e um dia em estado etílico, formou um conjunto musical. Era ele e um irmão de uns cinco ou seis anos. Nessa época, eu fazia parte de um conjunto do rock chamado OS TEIMOSOS. Todos da cidade gostavam do conjunto e todos nos conheciam também. Mesmo porque, em cidade pequena do interior, todo mundo conhece todo mundo. Estava eu na janela de casa olhando pra rua, quando de repente chega Pedro, mal se sustentando em pé, tocando um forró em um cavaquinho desafinado e o irmão acompanhando numa latinha de doce:

- É chililique, chililique, chililique, e a poeira a levantar...

Parou na minha frente e disse:

- Paulo tu já visse o conjuntim de nóis?

Um pouco mais tarde, quando Pedro Vitorino já tinha uns dezenove ou vinte anos, encontramo-nos numa Festa de Fim de Ano em Panelas. Naquela cidade vizinha, ia acontecer um baile com o conjunto Ogírio Cavalcante, que era a "coqueluche" do momento. Todos os jovens de Cupira foram a esse baile.

- Diiiz Paulo!!??

- Diiz, Pedro, tudo bom!!??

- Arrumei uma namorada. Mas já acabei o namoro.

- Oxe! Por que?

- A gente estava passeando na festa de mãos dadas e tudo mais, no maior amor do mundo, quando ela disse que estava com fome. Fomos a um caldo de cana e ela comeu seis pães doces e cinco caldos de cana. Aí eu não aguentei. Paguei, mas acabei o namoro na hora.

- Vou ver se arrumo outra que não me dê tanto prejuízo!

Dóro

A economia de Cupira na década e 1960 e 1970, girava em torno do que era produzido na agropecuária. Além do gado, negociava-se feijão, milho, algodão, café e mamona. Meu pai tinha um pequeno armazém, onde comprava esta ultima produção para revender em grosso, geralmente em Caruaru, sendo que o café era vendido em Bezerros em uma tal Industria Borba. O movimento maior era na quarta-feira, dia da grande feira da cidade. Era muito movimento no armazém. Muito stress, porque todo mundo ficava meio acelerado. Nos outros dias abria-se o armazém, mas era bem mais agradável, pingando um quilo de feijão aqui, dois quilos de milho ali e assim era o movimento do armazém do velho, fora dos dias de feira. Eu gostava muito de ficar lá nos dias de pouco movimento para estudar, porque meu pai ficava menos brabo e o mais importante, aparecia figuras interessantíssimas para conversar. Uma delas era Dóro. Dóro era um "doidinho" muito conhecido na cidade, engraçado e muito conversador. Nesse dia, por volta das 10 horas da manhã, lá vem Dóro meio esbaforido e com sede.

- Seu Dedé, me arruma um copo d'água aí!

- Pois não, Dóro! Vamos lá no filtro.

- Filtro?

A nossa casa era vizinha do armazém e tinha uma porta que dava acesso à casa, por dentro do armazém, de modo que se entrava no armazém por dentro de casa ou se entrava na casa por dentro do armazém. Naquela época a água de beber era armazenada em potes e jarras. Tinha-se um caneco só para tirar a água do pote ou jarra, cujo conteúdo era derramado em outro copo de beber, obedecendo-se assim os critérios de higiene vigentes. Os hoje famosos filtros de barro foram um avanço na tecnologia do armazenamento de água de beber nas casas. Papai tinha adquirido um filtro de barro dois dias atrás e queria mostrar a novidade sempre que aparecia uma oportunidade. A família estava eufórica. Nunca se bebeu tanta água lá em casa. Quando Dóro viu o copo enchendo na torneira do filtro, não se conteve.

- Oxe seu Dedé, e água aqui é ligada do c... pra venta, é?

Não sei de onde Dóro tirou isso.

Seu Avelino

Toda cidade do interior tem os seus esmoleres, que são pessoas que vivem de esmolas. Vi no dicionário que pessoas que dão esmolas frequentemente, também são chamadas de esmoleres. Não sabia disso. Em Cupira, duas figuras conhecidíssimas se destacavam. Todos dois deficientes visuais, que naquela época a gente chamava de "ceguinhos". Seu Avelino e o Ceguinho da Cachorra. Eram pessoas queridas na cidade pela alegria e pela conversa agradável que desenvolviam. Seu Avelino era um "ceguinho" muito religioso e que era acostumado a, nos dias de feira e aos sábados, tomar café da manhã lá em casa. Chegava cantando um "bendito" que só ele sabia. O "bendito" falava de santos, dos que nunca se ouvia falar. Santa Bibiana, que depois fui ver que era a santa dos bêbados; São Drogo, o santos dos feios; São Denis, o santo contra dor de cabeça, e por aí vai. Muito conversador, seu Avelino não faltava uma visita. Além do café da manhã para ele e o guia, ainda levava um dinheirinho. A figura do "guia de cego" também é interessante. O "guia de cego" geralmente era uma criança que o "ceguinho" contratava para guiá-lo no dia da feira. Pegava qualquer um na rua. Por falar nisso, meu irmão Tatonha, quando era pequeno foi "guia de cago" por um dia. Não por experiência como fazem na televisão, mas porque queria ganhar uns trocados.

Seu Avelino também tinha uma outra freguesia durante a semana. Era o ônibus que fazia o trajeto Caruaru/Catende e Catende/Caruaru. De Caruaru para Catende, esse ônibus passava perto das quatro horas da tarde e na volta, no outro dia, às 9 horas da manhã.

- Ói o chiado.

- Ói o chiado da botina.

- Ói o chiado.

Seu Avelino entrava no ônibus cantando e dançando o xaxado:

- Ói o chiado.

- Ói o chiado da botina.

- Ói o chiado.

Recebia um dinheirinho dos passageiros já acostumados a contribuir e no outro dia repetia a dança do xaxado de manhã e de tarde. Seu Avelino viveu por muito tempo, alegrando a todos com benditos, histórias e com o canto e a dança do xaxado.

O Ceguinho da Cachorra

Além de seu Avelino, o Ceguinho da Cachorra era ainda mais curioso. Era alto, forte, rosado e de um bom humor invejável. Ele morava no sítio, se não me engano, Serra Verde. Em vez de um guia menino, quem o guiava era uma cachorrinha amarelinha, magrinha, mas muito esperta. Ao invés de o "ceguinho" puxá-la, ela é que puxava o "ceguinho". Ela saia puxando o ceguinho amarrada numa corda curta, parando em todas as casas da rua, que costumavam doar alguma coisa. O Ceguinho da Cachorra ia sempre às quintas feiras. Nunca ia no dia da feira. Acho que para não assustar a cachorrinha. Nos dias normais ela se orientava melhor. No armazém ela entrava direto, já balançando o rabinho, dando um puxão no ceguinho.

- Bom dia seu Dedé

- Bom dia Ceguinho

- E essa cachorrinha?

- Essa cachorrinha é minha visão, minha alma e meu tudo.

Depois da conversa costumeira sobre o tempo e sobre o que aconteceu durante a semana em Serra Verde, o Ceguinho costumava comer uma coisinha também a exemplo de seu Avelino. Só que seu Avelino comia dentro de casa e o Ceguinho, no armazém. Às vezes um pão com ovo e café, às vezes um prato de farinha com leite e uma xícara de café, o que ele dividia com a cachorrinha.

- Seu Dedé, eu às vezes fico pensando no comportamento de muitos ceguinhos por aí. Eles ficam escolhendo, e às vezes até rejeitam certas esmolas. Eu mesmo sou um ceguinho que não tenho luxo. Pode me dar queijo, coalhada, leite, carne, que eu aceito com o maior gosto do mundo. Não enjeito nada e o tal do queijo, eu acho bom demais!

Zezinho Olho de Carro

Primo da minha mãe, Zezinho Olho de Carro era moreno, alto, magro e tinha olhos verdes. O seu apelido evidentemente vem dos olhos verdes destacados pelo contraste com a pele morena. Podia-se dizer que era um "caba" bonito. Trabalhava na padaria de seu Zé Amorim, era casado e tinha um casal de filhos. Padeiro de primeira passava o dia fazendo pão francês, bolachas e bolos diversos que eram comercializados por seu Zé Amorim e seus filhos Dário e Elias. Zezinho Olho de Carro também era músico e tocava tuba na Banda Musical da cidade. Tocava tuba Mi bemol e tinha muito orgulho disso. Não era muito de ler musica. Na verdade decorava os dobrados e os acompanhava de ouvido mesmo. Como se sabe, a tuba é o contrabaixo de uma banda de metais e palhetas. A pessoa com um ouvido bom, pode fazer a marcação do baixo sem muito problema. Digo isso porque à época, quem tocava a outra tuba, a tuba Si bemol era eu, que também tocava de ouvido. Li partituras por um tempo, mas depois desisti, porque terminava decorando a partitura e não lia na hora de tocar. Até hoje sou frustrado por não ler partitura de "carreirinha". Tenho a maior inveja do musico que toca lendo uma partitura de primeira. Pois bem. Escola de música em Cupira depende muito dos gestores. Nos tempos de gestores bons, há financiamento e a escola funciona. Do contrario, estabelece-se um vácuo totalmente danoso para todos, pois a interrupção da pratica adquirida e da formação de novos músicos obriga o recomeço de tudo do zero novamente. No começo da década de 1960, depois de um período de inatividade, foi contratado um jovem saxofonista de Fazenda Nova, muito bom e que também era professor de musica. O maestro Fernando. Muito criativo e dinâmico, remontou a banda e organizou ensaios uma vez por semana. Aos poucos, a banda foi se reerguendo e ficando "massa", como se diz atualmente. Mas com o passar do tempo Fernando já morando em Cupira, começou a beber e de vez em quando passava dos limites. Certo dia, já meio alto, no ensaio, começou a implicar com Zezinho Olho de Carro, que era dessas pessoas calmas, mas que quando explodia, não tinha quem segurasse. A discussão começou por causa de uma nota fora do lugar que a tuba Mi bemol tinha dado no dobrado Major Wolmer. Uma palavra agressiva fez com que Zezinho Olho de Carro se levantasse bruscamente com a tuba ainda nas costas. Para quem não sabe, a tuba é o maior instrumento de uma banda musical. É uma espécie de corneta gigante enrolada no corpo do musico, com a parte que sai o som acima da cabeça, com um enorme buraco no meio. A uma certa altura, a discussão esquentou e Zezinho Olho de Carro partiu pra cima de Fernando. Num movimento espetacular Zezinho Olho de Carro girou a tuba no plano vertical e tampou a cabeça de Fernando, de modo que Fernando ficou preso com a cabeça dentro da tuba.

- Caba safado, você me respeite!

Disse Zezinho Olho de Carro.

- Me tire daqui pra você ver!

Reagiu Fernando de dentro da tuba.

Aí a turma do "deixa disso" inclusive eu, separamos os dois e
o ensaio naquela noite foi suspenso. No outro dia Fernando pediu desculpas a Zezinho Olho de Carro, conversaram e tornaram-se amigos até quando Fernando foi morar em Caruaru e
nunca mais voltou.

Papelão

Estatura média, moreno, forte e atarracado, Papelão apareceu em Cupira por volta de meados da década de 1960. Chegou normal, com roupas simples e um saco nas costas. Saia pedindo esmolas nas casas mais acessíveis. Uma de suas paradas era lá em casa. Muito conversador e engraçado, Papelão tinha uma conversa aprumada e divertida.

> Jerimum cozido e frio
> É um cumê sem segundo
> A mulher de compadre Costa
> Morreu com a venta na bosta
> Da pior morte do mundo

Vez por outra recitava esse verso, que não se sabia de quem era, mas dava a impressão que era dele mesmo. O tempo foi passando e Papelão já estava aceito na cidade, quando de repente teve um surto de loucura. Tirou a roupa e se vestiu com papelão cortado de caixas achadas no lixo. Fez uma espécie de saia do papelão e uma camisa também, colocou um chapéu meio "Indiana Jones" e saiu pelas ruas. Nisso ("menino é os pés do cão"), os meninos começaram a persegui-lo gritando:

- Papelão! Papelão!!

Ele havia dito o nome dele, mas ninguém se lembrava, pois desde essa época só se conhecia o seu apelido.

- Papelão!! Papelão!!

Em suas crises, corria atrás dos meninos quando era importunado pelos mesmos. Às vezes era muito agressivo e como era muito forte causava medo à população. Numa dessas crises, entrou no cartório de Amaro Arruda, tabelião respeitado na cidade e, começou a gritar. Com medo, Amaro Arruda, que era influente politicamente, mandou prendê-lo. Depois que saiu da prisão, toda vez que tinha uma crise, Papelão saia gritando.

- Amaro Arruda!!!

- Vou pegá-lo!

Não entrava no cartório, mas ficava de longe, olhando para o cartório e gritando.

- Amaro Arruda!

- Vou pegá-lo!

Conta-se que uma vez Papelão agrediu seu Neném com um soco. Depois disso Papelão foi preso e quando foi solto, desapareceu e nunca mais foi visto em Cupira.

Os Teimosos

A formação do conjunto de rock OS TEIMOSOS, foi resultado de uma onda cultural que ocorreu em todas as cidades do interior, ainda nos anos 1950. A onda das serenatas. Eram cantatas que começavam lá pelas 9 horas da noite e só terminavam na alta madrugada. Geralmente ocorriam próximas da casa de uma amada do cantor, do violonista ou de um dos integrantes da turma de amigos. Essa cultura incentivou muitos jovens a aprender tocar violão. Não que houvesse um incentivo formal de qualquer instituição, mas simplesmente por proporcionar o prazer de tocar um instrumento e ouvir o seu próprio som. Muitos iam para as serenatas para ouvir as musicas, mas também para observar as posições feitas ao violão, para poder chegar em casa e praticar. A turma mais antiga da serenata era fã de Nélson Gonçalves, Núbia Lafayete, Carlos Galhardo, Ângela Maria, Miltinho, Dalva de Oliveira e outros. A turma mais jovem, apesar de também gostar daqueles artistas, era mais adepta da "Jovem Guarda" e queria tocar musicas de Roberto Carlos, Wanderléa e Erasmo, Renato e seus Blue Caps, Golden Boys, Silvinha, Eduardo Araújo, Martinha, Jerry Adriane, Cármen Artoni e, etc. Nessa época também estava aparecendo um diferente tipo de música com Caetano Veloso, Chico Buarque, Gilberto Gil, Tom Jobim e outros. Alguns desses misturavam a musica nordestina genuína com guitarras e instrumentos eletrônicos. Era a famosa Tropicália de Gil, Caetano Veloso e Tom Zé. Correndo por fora, nos apartamento da classe média, a Bossa Nova tinha João Gilberto, Tom Jobim e Roberto Menescal como os seus mais legítimos representantes. Chico Buarque continuou no samba de raiz, juntamente com Cartola, Nélson Cavaquinho e Zé Kéti, mantendo viva a voz do morro. Mas o que dominava mesmo a cabeça dos jovens era a "Jovem Guarda" influenciada pela aparição dos Beatles, banda inglesa que revolucionou a musica jovem naqueles tempos. Quem tocava algum instrumento queria formar uma banda (conjunto naquela época). Foi assim que nos juntamos Cícero Cândido (violão), Gildo Antônio (violão), Zezinho Pitoco (Bateria), Zé Maria (sax alto), eu (violão) e formamos conjunto OS TEIMOSOS. Teimosos porque a banda só foi formada depois de várias tentativas e muitas desistências. Eram três violões, um sax e uma bateria. Os "Conjuntos" de um modo geral, eram formados por três guitarras. Uma que se chamava "guitarra base" que fazia a harmonia, outra chamada "guitarra solo", que fazia os solos no meio da musica e a guitarra baixo, que pelo próprio nome era o "contrabaixo" do conjunto. Acontece que não tínhamos guitarras e nem bateria. Então resolvemos improvisar usando violão em tudo. Era o que tínhamos. Cícero Cândido fazia, as vezes da guitarra base, Gildo Antônio as vezes da guitarra solo e eu o baixo, tocando preferencialmente na quinta e sexta corda do violão. A bateria foi construída com peças da banda de musica, que nessa época estava parada. Pegamos o "bombo", colocamos no chão, na posição vertical, encaixamos um pedal de madeira construído por Zé Dorinho que era o artista da madeira, amarramos a caixa no lado esquerdo do "bombo" e o "surdo" no lado direito, faltando somente o "prato" para completar a bateria. Tínhamos o "prato". Só não sabíamos como colocá-lo num ponto fixo para poder tocar. Zezinho Pitoco passou um tempo ensaiando sem "prato" e um dia veio um convite para a gente tocar um baile no Grupo Escolar Maria de Lourdes Temporal. A gente topou imediatamente, mesmo porque já tínhamos mais três integrantes: Tatonha e Solon, que eram cantores e, Genário, filho de Dona Margarida, que também tocava bateria. Só faltava resolver o problema do "prato" e das caixas de som. Os violões tinham captadores, mas não tínhamos as caixas. Dona Maria, mãe de Cícero Cândido tinha uma "Radiola" daquelas que tem um móvel bem grande. Podia naturalmente fazer as vezes de uma caixa de som. Terminamos levando-a para o baile. Como ela era grande e tinha um som bom para baixas frequências, ficou para o contrabaixo. E os outros dois violões? Sabíamos que Zé Quiabo tinha também uma "Radiola" um pouco menor, que tinha duas entradas e que dava para os outros dois violões. Zé Quiabo resistiu, mas terminou emprestando. Estávamos eufóricos. Seria a primeira apresentação do conjunto e num baile, onde estaria toda juventude da cidade. O baile começaria às 20 horas, mas 14 horas já estávamos instalando os instrumentos.

- E o prato?

Foi quando alguém sugeriu que pendurássemos o prato com uma corda em um "caibro" no teto do salão. O que efetivamente fizemos. Agora estava completo. Já eram 18 horas, passamos ligeiramente o som e fomos pra casa para nos arrumar e tínhamos que estar de volta o mais tardar 19:30. Claro que todo mundo estava lá nesse horário. Começamos exatamente às 20 horas. Naquela época todo conjunto tinha que ter uma "característica", que era a música com que se abria e fechava o baile. A nossa "característica" era o "EL RELICÁRIO", uma linda música espanhola lançada no Brasil em ritmo Twist pelo conjunto The Clevers, que depois se tornou Os Incríveis. Depois, entramos com músicas dançantes e os casais começaram a aparecer no salão. Foi uma beleza. Parecia que estávamos no céu. Não existe coisa mais gostosa na atividade de músico do que tocar para o povo dançar. Depois de mais ou menos uma hora de tocata, o salão encheu. Foi a glória. O baile transcorreu maravilhosamente bem, até que Zezinho Pitoco o baterista (com nove anos de idade), que sempre foi muito brincalhão, inventou de dar ênfase ao prato, que estava solto, pendurado no teto por uma corda. Dava uma baquetada no prato, o qual ia lá no meio do salão e voltava. Isso gerou uma brincadeira no final do baile. Ele batia no prato e os dançantes se abaixavam, o prato passava e voltava para o baterista, que em uma evolução "baterística" recorrente, fez com que o prato fosse a atração da noite.

A fama de Os Teimosos se alastrou pelas cidades vizinhas, de modo que fizemos bailes em um bocado delas. Até nos apresentamos na Radio Difusora de Caruaru em um programa de auditório, que copiava o modelo do programa JOVEM GUARDA apresentado por Roberto Carlos na TV Tupy. Na Radio Difusora de Caruaru, o programa era apresentado por um radialista chamado Irapuã Barroca. Nos sentíamos os próprios Renato e seus Blue Caps, com direito a "gritinhos" das meninas do auditório nos chamando de "Pão". Gíria que queria dizer que éramos "lindos". Éramos um bocado de matutos envergonhados, mas o pessoal gostou da música.

Assembleia dos Urubus

No começo da década de 1960, o que iluminava a cidade era um "Grupo Gerador" a diesel, instalado no topo da ladeira do açude. Gerava energia elétrica e distribuía através de uma rede de postes de ferro por toda a cidade, inclusive para o único bairro, que era a Boa Vista. Eram trilhos da rede ferroviária cortados em um tamanho que não passava de quatro metros. Tinha como horário de funcionamento o período de 18 às 22 horas. Antes de apagar totalmente, dava três sinais. Uma piscada (acendia e apagava) às 21 horas, outra piscada às 21:30 e finalmente a piscada definitiva às 22 horas. Apagava e só acendia no outro dia. Quem podia pagar tinha dois ou três bicos de luz em casa. Nem todo mundo tinha.

No final daquela década a cidade ficou eufórica com a notícia da instalação da "Luz de Paulo Afonso". A possibilidade de se ter eletricidade o dia todo, direto sem apagar nunca, era maravilhoso. Podia-se ter um refrigerador (geladeira), televisão e muitas outras coisas que precisasse de eletricidade. Foi quando chegaram os primeiros postes. Eram postes altíssimos, de cimento, de pelo menos 12 metros de comprimento. E ao invés de dois cabos condutores de energia elétrica, tinha seis. Três cabos grossos de alta tensão, que ficavam no topo do poste, dispostos no plano horizontal e três mais finos mais em baixo, no plano vertical.

- Cuidado! Não se pode passar nem por perto do cabo de alta tensão. Ele pode atrair a gente e atraindo a gente explode.

Conversavam os menino observando o trabalho dos homens da Celpe. Era uma coisa inusitada a colocação dos postes no buraco cavado a picareta. Um caminhão vinha com o poste, a carroceria levantava e despejava o poste dentro do buraco.

- Espia, por Nossa Senhora!

Diziam os meninos abismados. Nunca se viu coisa parecida em Cupira. Depois veio a tecnologia para esticar os cabos pesados, que também causou admiração.

Tudo terminado, teve a inauguração. A energia foi ligada, houve banda de musica, salva de 21 tiros, as escolas municipal e estadual desfilaram (só tinha essa duas mesmo) e as autoridades fizeram discursos. Tudo muito bonito. Mas houve um problema.

Aqui eu faço um parêntesis e volto ao tempo do "Grupo Gerador". Acostumados com os postes baixos, os urubus da região tinham uma altura de voo compatível, que era no máximo 6 a 8 metros. Agora, os postes tinham 12 metros de altura. Não avisaram aos urubus que eles tinham que aumentar a altura de voo para não sofrerem acidentes.

Corta para as festividades. Epitácio, o vereador considerado o Fidel de Cupira, não por ideologia, mas pela demora dos seus discursos intermináveis, estava empolgado.

- Pruuuurrrrrrrrr!!!!

Deu um estrondo ensurdecedor e caiu um urubu bem na frente do palanque.

- Meu Deus! O que é isso?

O urubu que não percebeu os cabos eletrificados, bateu com os pés em um cabo de alta tensão e o bico no outro, fechando o circuito. O som era muito alto. Parecia que os cabos iam cair por cima dos espectadores. Foi uma correria geral. A mortandade dos urubus foi muito grande. Todo dia era dois ou três eletrocutados. Isso demorou mais de seis meses, até que uma dia parou de morrer urubu eletrocutado.

- Eles fizeram uma assembleia na "Loca do Urubu" e decidiram aumentar a altura de voo para 15 metros e assim evitar a colisão.

- Eu assisti essa assembleia. Eu estava lá!

Disse o maior mentiroso da cidade.

Confusão na Barraca da Monga

A Festa de Reis em Cupira era a melhor festa do agreste pernambucano. A Festa de Reis tinha de tudo. Parque de Diversão, Banda de Pífanos, Banda de Musica no coreto, Mamulengo e venda de pães gigantes (pães do tamanho de uma pessoa) no oitão da igreja. Tinha também Azulão, o cantor, ainda jovem, vendendo picolé e cantando, assim como várias outras atrações. Além de todas essas atrações, no ano de 1968 apareceu algo inusitado até então entre as atrações da festa. A Monga, uma mulher que se transformava em gorila. A apresentação da Monga era feita em uma pequena tenda de pano (cabia aproximadamente 50 pessoas), como se fosse um circo, cuja sustentação tinha apenas um mastro central com cordas distribuídas concentricamente e amarradas em pinos de ferro enfiados no chão. O show propriamente dito por sua vez consistia na transformação de uma moça linda, em um gorila gigante e agressivo, que quebrava a porta da jaula e ameaçava a plateia. A moça linda era apresentada à plateia e depois colocada na jaula. A barraca foi montada perto do Ponto Certo, bar muito conhecido e muito frequentado na cidade. Foi um sucesso. Todo mundo queria ver o show da Monga. Tudo corria bem, na base de pelo menos de 4 a 6 seções por dia. A Festa de Reis é dia 5 e às vezes 6 de janeiro, mas a Monga chegou três dias antes. O sucesso foi tanto, que minha mãe e minha irmã Bizé (Maria José Justino da Silva), ficaram curiosas, com muita vontade de ir ver. E foram. Acontece que mamãe sempre foi muito gordinha e Bizé, mais ainda. Pagaram o ingresso e sentaram em duas cadeiras separadas pelo mastro central de sustentação da tenda. Começou o show. A menina foi apresentada e depois trancada na jaula. Aos poucos foi desaparecendo a linda menina, foram aparecendo pelos em seu rosto e no seu corpo, o gorila foi tomando o seu lugar até a transformação total. O gorila deu um urro muito forte, começou a balançar a jaula e forçar a porta, finalmente quebrando-a, pulando pra fora e ameaçando a plateia. No susto, mamãe e Bizé, agarraram-se ao mastro, que se deslocou do chão e caiu, derrubando a barraca com todo mundo dentro, inclusive o gorila. Foi um desmantelo geral. Era gente gritando e saindo às carreiras de dentro da barraca, menino chorando, até que o gorila voltou para a jaula, acalmando os espectadores apavorados e a barraca foi novamente colocada em pé. Esse fato foi muito comentado na cidade, gerando muitas risadas. Mamãe e Bizé ficaram envergonhadas de início, mas encararam com humor o ocorrido e riram muito também.

Zuza Totô

Zuza Totô era um jovem de uns 35 anos, com problemas mentais (não sei como dizer isso hoje porque são muitos termos que vão de "sofrimento mental" a "neurodiverso". Na época a gente dizia "doido" mesmo. Tipo (Biu Doido de São José do Egito), muito querido na cidade e também, de uma carta maneira, respeitado. Passava um tempo bom e, outro perturbado. Filho do próspero comerciante, seu Zé Totô, andava sempre bem vestido. Quando estava agoniado, passava o dia todo andando rápido pelas ruas. Nesses dias, invariavelmente passava na agencia dos correios, onde tinha fixado na parede, um mastro para se colocar a bandeira do Brasil em dias comemorativos. Ele achava que esse mastro era um instrumento de comunicação com as autoridades presidenciais.

- Comunico que o povo de Cupira continua com rêcha (rixa), com mentira e com apreposo (propósitos) comigo.

Dizia com expressão de raiva e gesticulando muito.

Uma atividade que eu gostava muito nessa época, era a conversa à noite sentados na calçada da igreja. Quase diariamente, ficávamos conversando, contando "causos" desde às oito horas da noite, até alta madrugada. Matias, casado com Lourdes Gameleira era a figura mais engraçada e mais empolgada na "contação de causos". Contava "causos" e inventava expressões, como por exemplo, quando queria dizer que tinha alguma coisa estava fedendo, ele dizia:

- Tá uma catinga de "punhá" da mulesta aqui!

Quando queria se referir a uma pessoa analfabeta dizia:

- Anafabreco de pai e mãe.

Pois bem. Uma vez estávamos ouvindo um dos "causos" de Matias, quando Zuza apareceu e disse que queria contar uma história verídica.

- Pois não Zuza, conte!

Disse Matias, respeitosamente.

- Certa vez, eu peguei o caminhão de papai, botei toda minha família dentro e fui dirigindo para Panelas. Atolei o pé pra ver se o caminhão era bom e na curva de Pau Ferro, o caminhão ia numa velocidade tão grande, que virou e morreu todo mundo. Eu, papai, mamãe e meus irmãos, morremos todos.

- Mas Zuza, como estás conversando aqui se tu morreste?

Perguntou Matias.

- É porque eu acordei, seu Matias!

Disse isso e saiu andando rápido e rindo.

Seu Amaro

O clima na Banda de Musica de Cupira estava muito bom. Tínhamos ensaio toda semana. O maestro era o jovem e competente Fernando, vindo de Fazenda Nova, com muito gás e vontade de formar músicos novos. Estava todo mundo estudando e muito animado. Exigente com as partituras, Fernando passava-as compasso a compasso, chamando atenção aos "trinados", às "quiálteras" e aos tempos adequados. O instrumento dele era o Sax Tenor, no qual era muito bom. Ensaiávamos sempre às quintas feiras. Tinha também um musico muito bom e amigo de todo mundo, que na ausência do maestro, assumia a banda interinamente. Era Zé do Tuba. Apesar do nome, o seu instrumento mais constante era o Trombone de Pisto, mas, às vezes, na falta de musico específico, podia tocar Trombone de Vara ou o próprio Bombardino. Nessa noite, Zé do Tuba estava tocando Bombardino, porque estávamos ensaiando Dobrados ricos em variações de contracanto. Estávamos no meio do Dobrado 4 Dias de Viagem, quando entrou um mendigo todo sujo e com cheiro de cachaça. Incensou a sala toda e ficou encostado na parede escutando. Fernando parou a música para consertar uma nota fora do lugar e nisso, o mendigo disse:

- Eu toco Bombardino

- Tá certo. Fique aí quietinho para não atrapalhar.

Disse Fernando já com certa impaciência, continuando o ensaio.

- Maestro, o senhor não entendeu. Eu sou músico. Estou assim maltrapilho, por causa de uma tragédia que aconteceu na minha vida, com a qual eu não sei até hoje como lidar. Me dê o Bombardino, que eu mostro ao senhor.

Zé do Tuba não teve dúvida. Com a permissão do maestro, entregou o Bombardino e a partitura ao mendigo, meio descrente naquela história mal contada. O homem tirou um bocal do bolso, pegou o bocal que estava no Bombardino, entregou a Zé do Tuba, colocou o dele, fez uns acordes bonitos e tocou a partitura toda, de primeira, com um sopro maravilhoso. Sopro aveludado de quem era realmente acostumado com o instrumento. Foi uma admiração geral. O homem contou que seu nome era José Amaro da Silva e que era de São José da Lage, Alagoas. Seu Amaro foi imediatamente acolhido pelo maestro, que o levou para sua casa, fazendo-o prometer que deixaria a cachaça, para tocar Bombardino na banda. Era justamente o instrumento que estava faltando. Na outra quinta-feira seu Amaro chegou ao ensaio tomado banho, com uma roupa limpa, sóbrio e animado. Era outro homem. E assim, passou quase um ano levando uma vida digna, como musico e trabalhador da prefeitura, pois foi providenciado um emprego para seu Amaro se sustentar.

Tudo ia indo muito bem, seu Amaro levando uma vida de musico responsável, quando por algum motivo veio uma recaída.

- Vivo por este mundo sem um teto

- Dormi as noites no banco tosco de um jardim

- Sem ter a proteção de um afeto

- Todas as portas estavam fechadas para mim

Cantando Porta Aberta de Vicente Celestino, chegou à sede em condições deploráveis. Havia começado a beber nove horas da manhã e já eram oito horas da noite. Queria o Bombardino para tocar. Fernando disse que só daria o Bombardino quando ele parasse de beber.

- Tá certo. Desculpe!

Seu Amaro foi embora e nunca mais ninguém o viu. Desapareceu naquela mesma noite.

Mas qual foi a tragédia pela qual seu Amaro passou, que nunca conseguiu superar? O próprio Fernando terminou revelando que numa enchente do Rio Mundaú, que passa em São José da Lage, por um descuido, o rio levou a única filha que seu Amaro tinha. Ela tinha 12 anos e segundo ele era a coisa mais linda do mundo. Desde então, seu Amaro entrou na cachaça e nunca mais saiu.

Seu Severino kuzão

- Alô! Sou eu!

- Eu quem?

- Teu irmão! Esqueceste da minha voz, foi?

- Eita! Tudo bem por aí?

- Tudo. Estou aqui, morando numa "quitinete" com Tabaquinho, Doge, Solon e Genário. São dois beliches e uma cama. As refeições a gente faz na Casa do Estudante de Pernambuco.

- Onde fica?

- No Derby, perto da Escola Técnica.

- A comida é boa?

- Eu acho. Mas com pouco tempo, a gente fica com fome de novo. E aí?

- Aqui tá uma tristeza tão grande neste mundo!

- O que foi?

- Tu sabes quem morreu?

- Sei não. Quem foi?

- SEU SEVERINO KUZÃO

Não me contive. Caí na gargalhada.

- Tu ainda ri com uma desgraça dessas?

O primeiro telefonema para minha família, depois de quatro meses que fui para o Recife estudar. Minha irmã Fátima, consternada, me dando a notícia da morte de uma figura conhecidíssima que todo mundo chamava de Biu Kuzão, mas que ela mui respeitosamente, o tratava como Seu Severino Kuzão. Com "K" para amenizar o palavrão.

O homem borracha

Sempre fui "piru" de circo. Toda vez que chegava um circo em Cupira, eu acompanhava desde a montagem até a desmontagem do mesmo. Obviamente, como toda criança, observava e fantasiava a vida daquela gente. Tinha a maior inveja. Queria viver daquele jeito. Quando a montagem do circo estava pronta, tinha a chamada para o espetáculo, que era na base do "arrocha negrada" (expressão usada naquela época). O palhaço na frente, numa "monocicleta" ou com pernas de pau, com uma corneta gritando:

- Hoje tem espetáculo?

- Tem sim, senhor!

- Às oito horas da noite?

- Tem sim, senhor!

- Hoje tem palhaçada?

- Tem sim, Senhor!

- E arrocha negrada!

- Êêêêêê...

Tinha uns sete ou oito anos. Percorríamos a cidade correndo atrás do palhaço.

- E arrocha negrada!

- Êêêêêê...

Evidentemente, quando ia passar na minha rua, eu me escondia, porque meu pai era brabo e minha mãe morreria de vergonha se me visse naquela situação. No final, a gente era marcado no braço com uma tinta, para entrar no espetáculo de graça. Era um verdadeiro malabarismo para esconder a marca, do pessoal lá de casa. Aos treze ou quatorze anos, eu já não acompanhava mais o palhaço, mas continuava "piruando" os circos. Continuava também entrando de graça. É que formamos um "Conjunto de iê iê iê" e tudo que era circo nos convidava para fazer a parte musical do espetáculo. Tocávamos músicas de Jovem Guarda, boleros, rumbas e chá chá chá. No espetáculo circense, eles pediam que tocássemos rumba. Rumba para números de trapézio, rumba para o mágico, rumba para o numero de contorcionismo, rumba pra tudo, inclusive para a dança da rumbeira. A rumbeira era uma moça que dançava e que tinha uma saia muito curtinha com abertura na frente. A uma certa altura da dança, alguém da plateia gritava:

- Abre a cortina!!!

Ela abria a parte da frente da saia e a plateia ia ao delírio. Eu tocava violão, era gordinho e conhecido na cidade como filho de Dona Minervina, que era praticamente uma santa que cuidava da igreja e era devota de Nossa Senhora das Graças. Numa noite dessas, acho que a décima noite de espetáculo, a rumbeira no auge e no calor da rumba, olhou pra mim, passou as mãos na parte da frente da calcinha e depois passou no meu rosto. Aí o circo quase veio a baixo. Isso se repetiu umas três vezes, até que Ciço Queixada, exímio guitarrista que também tocava com a gente, disse que O Homem Borracha estava me procurando. O Homem Borracha era o marido da rumbeira. O cara era um "guarda roupa". Alto, forte e mal encarado, não falava com ninguém, mesmo quando estava fazendo o numero de contorcionismo. Nunca fui de encarar violência física, ainda mais em desvantagem gritante como aquela. Eu tinha 13 anos e era baixinho, gordinho e abestalhado. Claro que nunca mais apareci nesse circo. Não queria machucar mão do rapaz.

Seu Nestor

Seu Nestor era uma espécie de "guru" dos tocadores de Tuba da cidade. Tanto tocava de ouvido, como lia muito bem a pauta, tocando-a de "carreirinha" e de primeira. Evangélico da Igreja Congregacional, seu Nestor antes de se converter, bebia muito. Principalmente nas comemorações em que a banda de música era solicitada. Era, portanto, a primeira Tuba com muito orgulho. O "primeiro" de qualquer instrumento em uma banda de música é uma espécie de liderança. O primeiro Trombone, o primeiro Sax Tenor, a primeira Tuba, etc. Em se tratando da Banda de Cupira, falo sempre em componentes masculinos, pois naquela época, infelizmente não tinha mulheres na banda. Hoje, ainda tem poucas mulheres, mas tem. Um exemplo é Helenice Alves, competente musicista, saxofonista, trombonista, clarinetista e professora de musica, em cuja escola há muitas meninas, inclusive minha sobrinhas netas Maitê e Ana Lara, promessa de desenvolvimento nessa área. Mas o assunto aqui é seu Nestor.

Ainda na fase anterior à conversão de seu Nestor, a banda de Cupira foi chamada para tocar em Belém de Maria – PE. Geralmente em festas do interior, quando tem uma comemoração tradicional, uma banda de música é imprescindível.

Quando a cidade não tem essa riqueza, convida a banda da cidade vizinha. De manhã cedo, toca-se a alvorada marchando pela cidade, ao meio dia também, fechando com outra caminhada tocando, às dezoito horas. O ápice da participação da banda era sempre a "Retreta", que é o ato de tocar num coreto armado para este fim, no centro da cidade. A alvorada foi tocada às cinco horas da manhã, o que decorreu da melhor maneira possível. A banda acordou a cidade, como sempre, com dobrados maravilhosos. Ao meio dia, repetiu-se a beleza do som ecoando pelas ruas, com o povo acompanhando a banda. Às dezoito horas, seria a última caminhada sonora, anunciando o desenrolar da festa. Acontece que entre meio dia e seis horas da noite, seu Nestor teve um encontro com a "branquinha" e às dezoito horas já estava "pra lá de Marrakesh". Apesar disso, as notas graves no seu harmonioso instrumento eram impecáveis. O exercício de se caminhar tocando dobrado e marchando pela cidade, entrando em beco e saindo em beco, não é trivial. É necessário ter uma boa coordenação motora, o que, em seu Nestor evidentemente, já começava a faltar. Marchando pelas ruas estreitas de Belém de Maria, de repente, uma bifurcação. Preocupado em olhar para os seus pés para não cair, seu Nestor tocando, não percebeu que, na bifurcação, a banda entrou numa rua e ele em outra. Saiu roncado com sua Tuba Mi bemol sozinho, reencontrando a banda através de um beco perpendicular, que ligava as duas ruas. Foi uma risada geral. A imagem de seu Nestor tocando sozinho no beco, realmente foi muito engraçada. O interessante é que ele entrou naturalmente no seu lugar na fila das tubas como se nada tivesse acontecido. Sério e impávido como sempre.

Quando foi inaugurada a Maternidade de Cupira, seu Nestor arranjou um emprego de segurança, o que foi uma tragédia para todos. No momento do nascimento de um filho, um pai entrou em "surto" e tirou a vida de seu Nestor. Nunca mais ouvi aquele som limpo e precioso de sua harmoniosa Tuba. Muitas saudades de seu Nestor.

O radinho de pilhas

Depois da história de Dóro, já contada aqui, a expressão "É ligado do c... pra venta", de vez em quando aparecia lá em casa. Teve uma época em que o radinho de pilhas estava na moda. Tinha radinhos de todos os modelos e tamanhos. Tinha uns que vinham com umas teclas que precisavam ser acionadas para que o rádio funcionasse. Chegou um desses lá em casa. Todos aprenderam a ligar o rádio, menos Fátima minha irmã mais nova, muito criança ainda e muito danada também. Vivia aperreando mamãe. Como se sabe, os afazeres de casa são muito trabalhosos e, dependendo da hora, estressantes também. Mamãe estava na cozinha, com o almoço atrasado e Fátima enchendo o saco, fazendo perguntas:

- Mamãe, quando é que o almoço fica pronto? Que horas papai chega?

- O almoço está quase pronto. Seu pai chega já.

- Deixe eu ir pra casa de seu Dino brincar com as meninas dele!

- Não.

E mamãe foi inchando.

- Eu queria ir pra escola de novo.

Acabara de chegar da escola. Em cima de uma mesinha na sala de jantar, estava o radinho de pilha dando sopa. Então, veio a curiosidade.

- Eita mamãe! E como é que se liga esse radinho?

- Cala a boca, menina! Me deixa em paz! Não estás vendo que estou ocupada? Esse rádio aí só liga se for "do c... pra venta".

Disse mamãe e continuou trabalhando.

Minha mãe tinha uma intensa atividade religiosa. Era uma das beatas mais famosas da cidade. Nessa época, em Cupira, não havia padre e a paróquia de Panelas era a responsável por essa parte religiosa. O padre Antoniel era o pároco, celebrando missa em Cupira somente aos domingos. A missa era às 10 horas e o padre, sendo padre, sempre ficava para almoçar, indo cada domingo à casa de um fiel. Quando caia de ser lá em casa, a gente adorava. Era o único dia em que se comia macarrão com galinha guisada, que para nós, era uma maravilha. Uma deliciosa novidade, o macarrão, era grosso e tinha um furinho no meio. Aquele prato com feijão, farinha, macarrão e a "graxa" da galinha guisada por cima, era a comida dos deuses.

- Boa tarde, Dona Minervina! Que comida cheirosa! Deus lhe pague pelo almoço que a senhora nos serve com tanto gosto.

- De nada padre! Eu é que agradeço pela oportunidade de fazer alguma coisa pelo servo do Senhor!

- Fátima! Foi para missa hoje?

- Fui, sim, senhor!

E o radinho de pilha em cima da mesma mesinha.

- Está na escola de manhã ou de tarde?

- De manhã.

E mamãe botando a mesa.

- Eita, que radinho interessante! Ele tem teclas e tudo.

Disse o padre admirado.

- Como é que liga ele?

- Mamãe disse que ele só liga se for "do c... pra venta"!

- Meniiiiiiiiiina!!! Padre, me perdoe! Essa menina não tem jeito não!

Disse mamãe, morrendo de vergonha, pois estava sendo exposto o seu lado profano.

Juarez do Mestre

O Mestre Zuza foi praticamente o fundador da Banda de Música de Cupira. Três dos seus filhos tornaram-se músicos da melhor qualidade. Virtuosos mesmo! Em ordem decrescente de idade, eram eles: Zeca, Miro e Juarez. Zeca tocava Trombone de Vara; Miro tocava Trompete e Juarez Sax Tenor. Os dois primeiros ingressaram na Aeronáutica e foram morar em Maceió, onde ocuparam importantes cargos como músicos da banda musical daquela instituição. Juarez ficou em Cupira trabalhando no cartório de seu Geninho e, quando tinha algum movimento musical na cidade, ele participava. Gostava mesmo era de tocar frevo. No carnaval sempre se formava uma orquestra com os músicos da cidade e Juarez era um dos líderes dessa orquestra meio "Pega na rua". Tocava desde os "Gritos de Carnaval", até os próprios três dias do "Zé Pereira", onde o povo se esbaldava. Risonho e de humor rebuscado, Juarez "mangava" de todos. Era competente e prático. Seu sax era limpo e sem muitos "salamaleques" de improvisações. Casou-se com Maria Helena, uma linda morena que morava na Boa Vista, e continuou sua vida pacata e de leve rotina. Mas um dia Juarez adoeceu.

Cabe aqui fazer um parêntesis para explicar o que ocorreu, quando fui visitar Juarez enfermo, na casa dele. Minha mãe, quando visitava um enfermo, ela avaliava as condições do "suplicante" e, dependendo dessas condições, ela rezava para doente melhorar, ou para o moribundo ir logo se encontrar com o Pai Eterno. Ela tinha fama de que, quando visitava alguém doente, o "caba" ficava bom ou morria em, no máximo sete dias. Pois bem, fui visitar Juarez, que era meu amigo e colega músico, pois tocava Tuba com ele nos "Gritos de Carnaval" no Mercado de Farinha da cidade.

- Ô de casa! Juarez está?

- Está deitado.

Disse a esposa de Juarez.

- É Paulo de Dona Minervina.

- Ele está sozinho ou ela veio também?

Perguntou Juarez de lá de dentro.

- Ele está sozinho.

- Então deixa ele entrar.

Disse Juarez, com medo que mamãe o encomendasse para o reino dos espíritos.

O cinema

- Atenção senhoras e senhores!!! Hojem no Cine Socialrrrrr, grande filme de Tarzan com "JONE VESSIMULER", "TARZAN E AS AMAZONAS"!!!

Era Zé Gomes, o grande locutor do Cine Social de Cupira, carregando nos "emes" e "erres", pronunciando literalmente, como se lê em português, o nome do Tarzan mais famoso do cinema. Aliás, o Cine Social não era só de Cupira, mas também de Panelas, Lagoa dos Gatos e Agrestina. É que seu Severino Camarão, dono do cinema, passava filmes em todas essas cidades. O apelido de Camarão foi dado pela cor da sua pele, que era avermelhada. Ele não gostava e, quando alguém falava "camarão", o homem ficava brabo e mais avermelhado ainda.

O filme que passava em Cupira também passava nas outras cidades. Às vezes, um determinado filme passava ao mesmo tempo em Cupira e Agrestina. A seção começava em Agrestina às 18h30min e em Cupira às 19h30min. Essa hora de diferença era suficiente para que a primeira parte fosse exibida em Agrestina e depois fosse transportada no "jipe" de seu Severino para Cupira, chegando antes das 19h30min. Quando a segunda parte terminava de ser exibida em Agrestina, era levada para Cupira e assim sucessivamente. Às vezes o "jipe", que era já meio "sambado", quebrava, provocando atrasos na chegada dos rolos complementares. Um atraso de meia hora era tolerado, mas, quando demorava mais, a confusão estava feita. Era casca de laranja e de amendoim no pé da orelha, gritaria, batidas nas poltronas, o inferno. Quando o barulho estava excedendo o tolerável, seu Severino ligava o microfone e dizia:

- Meus amigos, tenham pena de mim! Eu tenho que criar meus filhos...

Um coro uníssono gritava com todo volume:

- Camarão, camarão...

Seu Severino tinha mais de dez filhos e naturalmente precisava criá-los, mas escolhia o pior momento para dizê-lo. Finalmente, quando já havia cadeiras voando e os decibéis atingindo níveis insuportáveis, o rolo complementar do filme chegava e seu Severino era salvo pelo gongo.

Django

Quando o filme fazia sucesso, às vezes ficava meses em cartaz. O Cine Social de Cupira exibia-o até à exaustão. Foi o caso do filme Django, estrelado por Franco Nero, artista italiano que militava no "farwest" e era considerado galã. O "artista" sisudo tinha uma metralhadora rotativa, a qual ele carregava em um caixão, como se carregasse um defunto. Só a usava em extrema necessidade. Quando ele atirava, saia tanta bala, que nem as pulgas do cinema ficavam vivas para contar a história. Pois bem. Quando "arretirei" para estudar no Recife, o filme Django já estava sendo exibido há três semanas consecutivas. Lembrando que o cinema de seu Severino só funcionava nas terças e quartas feiras, por causa da feira na quarta feira e, às vezes, no domingo. Depois de um mês no Recife, escrevi para minha irmã Fátima, perguntando, dentre outras coisas, qual era o filme que estava passando na cidade.

- Ainda está passando Django. Franco Nero alugou um quartinho atrás do cinema e está morando lá. Está se dando muito bem. É um cara calmo, nem parece aquele bicho brabo mostrado no filme. Conheceu Bete de Zé Dendô e está namorando com ela. Pelo jeito vão casar. Mas quando começa o filme, ele corre para o cinema, pega a metralhadora e é bala para todo lado.

Naquele tempo, a tecnologia de som e imagem não era essas coisas, mas a gente achava tudo perfeito. A projeção perfeita, o som maravilhoso e ainda por cima tudo era muito divertido. Aliás, tudo no cinema era apaixonante. A sala, o compartimento onde ficavam as máquinas de projeção, tudo. E minha irmã muito criativa.

Manoel Inácio de Souza, meu avô

Nascido e criado em Cupira, Manoel Inácio de Souza, Pai Velho, meu avô materno, tinha feições dos nossos povos originários, que antigamente era chamado de indígena. Era um moreno forte, nem gordo, nem magro, estatura média e bigode farto. Estava com 69 anos. Era fogueteiro e nas horas vagas tocava pife em festas pelos sítios, para complementar o dinheiro da feira. Tinha um terno de pife, do qual era o líder. Calmo e pacato trabalhava sentado no chão da sala cheia de pólvora, fazendo fogos, ao mesmo tempo em que segurava um cigarro apagado no "bico". Além dos foguetes para girandolas em noites de maio, Pai Velho fazia artesanalmente, diabinhos, peidos-de-véia, mosquitos e cobrinhas para noites de São João. Também vendia pólvora para ronqueira, instrumento explosivo muito perigoso usado por jovens em épocas juninas. A ronqueira era um artefato feito de um cano com o diâmetro interno muito menor do que o externo, o qual era preenchido com pólvora socada. Uma das extremidades era vedada com um prego, que se batido contra a parede, provocava uma centelha gerando um estrondo, que parecia que o mundo ia se acabar. Por este fato os adolescentes gostavam muito de "bater ronqueira".

Pai Velho trabalhava a semana toda tomando sua "lapadinha" de cachaça no final de cada dia. Mas, na quarta-feira, dia da feira da cidade, ele saia de manhã para vender os fogos e só voltava lá pelas cinco da tarde, "cheio do áico" como se dizia na época, doido para fazer confusão. Pai Velho ficava bêbado às três horas da tarde e ia descer a ladeira do motor lá pelas quatro e meia, cinco horas. Vez por outra, quando o álcool liberava a sua autocensura acima do limite entre o despido e o vestido, ele tirava as calças no começo da ladeira e descia nu. Não tirava a camisa, que era para manter o respeito. A essa altura, o seu centro de gravidade não andava muito estável e seu freio também não. Pegava embalagem na ladeira e só conseguia parar quando já tinha passado uns cem metros além da sua casa. Quando isso acontecia, geralmente algum "cabueta" ia dar parte à polícia. Mamãe, influente rezadeira, era obrigada, morrendo de vergonha, a ir à delegacia tirar o velho do "xilindró". Quando Pai Velho chegava em casa, as coisas que tinha comprado na feira, como legumes, coentro e frutas, estava tudo murcho e, a carne suja de terra. Com isso, ele arrumava uma confusão dos diabos com Mãe Velha, minha avó, que dava uma "pisa" na carne e jogava-a lá no meio do quintal. Quando tudo se acalmava, ela ia buscar a carne e fazia o jantar. Por causa de toda essa confusão, mamãe que era intima e conversava com todo tipo de santo, resolveu fazer uma promessa para Santo Onofre, protetor dos cachaceiros. Se Pai Velho deixasse de beber, ela mandaria soltar uma girândola no dia do santo e Pai Velho teria que rezar não sei quantos pais-nossos e não sei quantas ave-marias, para pagar a parte dele na promessa. Infelizmente, sua filha era boa na reza e Pai Velho deixou de beber, morrendo três meses depois. A mudança brusca no regime de vida de Pai Velho, além de ter sido traumática, foi também fatal. No seu velório passamos a noite acordados. Foi a ultima vez que presenciei uma "incelência", regada a cachaça e muita bolacha guardadas em baixo do caixão, suspenso em dois tamboretes.

O Mudo Liberato, meu tio

Sílvio e Clara tinham os apelidos de Tiba e Chara, provenientes de seus nomes originais. É que o pai deles, Liberato, que era surdo-mudo (ou sonoramente prejudicado), os chamava assim. Liberato, meu tio por parte de mãe, dizia algumas palavras, que só os que conviviam com ele, entendiam. Meu nome é Liberato Mané de Tota, quando queria dizer Liberato Manoel de Souza. Macaxeira, ele dizia Patóia, pois havia trabalhado na colheita de café no Paraná e lá se fala mandioca e não macaxeira. Patóia era o que ele percebia, pois acho que ele ouvia um pouco, além da leitura labial. "Fi ta Puta" era a xingação mais frequente usada por ele. Era um moreno esguio muito forte, alegre e dado a bebedeiras. No carnaval, fazia ou comprava uma máscara e saia de "papangu", fazendo medo às crianças. Eu morria de medo. Todo carnaval era uma agonia, ele entrava lá em casa mascarado e a gente corria e ia se esconder em baixo da cama, no banheiro, na garagem, em qualquer lugar, só não queria que aquele bicho feio chegasse parto da gente. O Mudo, era uma pessoa muito amável com a gente da família e com os amigos, mas muito arisco e brabo com pessoas que ele não conhecia ou não simpatizava, principalmente policiais. Há histórias folclóricas do Mudo em relação à sua coragem e à sua brabeza. Conta-se que, uma vez por algum motivo, um policial lhe deu voz de prisão e ele disse que não iria. O policial tentou levá-lo à força, não conseguiu e foi buscar reforço. Nesse meio tempo, o Mudo foi embora calmamente para casa. Quando chegou à ponte sobre o Rio Panelas que dá acesso à Boa Vista, que é o bairro onde ficava a sua casa, chegaram cinco policiais para prendê-lo. Ele lutou com os cinco, derrubou quatro da ponte em baixo e se atracou com o que lhe havia dado voz de prisão. Após um bom tempo de luta, Liberato conseguiu derrubar também o quinto "meganha" da ponte em baixo e foi embora para casa, que era ali bem pertinho. Chegou em casa e foi dormir, pois estava cansado da pisa que deu na polícia e da cachaça que havia tomado. A polícia ficou desmoralizada e com muita raiva dele. Cerca de dois anos mais tarde, o mesmo soldado que apanhou na ponte, lhe deu voz de prisão novamente, por motivo fútil. Ele disse de novo que não ia, deu as costas e saiu andando. O soldado covardemente atirou nele pelas costas e fugiu. Liberato foi socorrido, medicado, mas quando voltou para casa, no período de recuperação, voltou a beber. Pegou uma infecção, que arruinou e ele faleceu. Ainda hoje quando se fala no Mudo Liberato, a lembrança maior é a do homem que desmoralizou a policia na ponte da Boa Vista.

Seu Duardo Sapateiro

Alto, gordo, mas não muito, usando sempre um chapéu meio Indiana Jones, seu Duardo Sapateiro era uma figura conversadeira e muito ativa. Sua sapataria funcionava na própria casa, onde morava com a sua companheira. Ele e Dona Zefinha, sua segunda mulher, pois a primeira o deixara e morava no Recife. Sempre conversando, seu Duardo fazia tamancos, botas, roupas de couro, selas e arreios de couro em geral. Além disso, tocava um velho violão, que quando não estava sendo usado, ficava pendurado na parede. Era um violão pintado de verde e branco, com essas cores distribuídas no corpo do violão de um jeito tão interessante, que era a primeira coisa a chamar a atenção ao se chegar na casa. Seu Duardo era uma pessoa muito generosa. Quem o frequentava tinha a sensação de que ele sentia a necessidade de ter gente por perto, sempre. Para manter os amigos juntos dele, tinha um jogo de peças de dominó, com o qual se podia jogar o dia todo se quisesse. Mas o mais interessante é que, para os jovens que não se interessavam pelo dominó, ele pegava o violão na parede e dizia:

- Quer aprender a tocar?

E ensinava as posições de Dó Maior e Lá Menor.

- Com esses dois acordes, você acompanha a maioria das musicas de hoje em dia. Isso é só um ponta pé inicial. Depois você desenvolve.

Dizia para incentivar o aprendiz. Foi assim, que aprendi os primeiros acordes ao violão. Foi a generosidade de seu Duardo Sapateiro, que me fez tocar alguma coisa ao violão, a quem agradeço enormemente. Quase todo dia, no final da tarde, eu passava lá. Aquele clima de trabalho misturado com conversas interessantes, "estória de trancoso" e música boa, me atraia bastante.

Nos fins de semana, convocava um tocador de triangulo e um zabumbeiro e saia pelos sítios com seu violão, tocando forró, às vezes varando as madrugadas. Fazia isso não só pelo dinheiro, que sempre pingava uma coisinha, mas principalmente pelo prazer de tocar e de passar a ser chamado naquele pequeno espaço de tempo, Duardo Tocador de violão. Sempre acompanhado por Dona Zefinha, tendo saído na sexta-feira à noite, voltava no domingo de tarde. Seu Duardo Sapateiro foi uma das figuras mais importantes para a cultura musical da cidade de Cupira. Sua sapataria era uma oficina cultural da melhor qualidade.

Seu Zé Alfaiate

Baixinho, sério e meio gordinho, sua pequena alfaiataria ficava na Rua da Sede, "parede-meia" com o bar de Pisquila, quase esquina com Rua do Comercio. O pequeno espaço da alfaiataria comportava um balcão, duas máquinas de costura e um casal sorridente de "manequins" de gesso. Usava-os para acomodar as roupas produzidas. Apesar do pequeno espaço e da baixa produtividade, a alfaiataria vendia bem. Dali ele sustentava a família de pelo menos quatro filhos, juntamente com sua mulher, que ajudava no acabamento das roupas. Sua rotina era de casa para a alfaiataria e da alfaiataria para casa. Meio sisudo, não gostava muito de movimento dentro de sua alfaiataria. Fazia calças e camisas, mas o forte mesmo era o "terno", que fazia com muito gosto, porque lhe rendia mais dinheiro e lhe dava muito mais prazer ao vê-lo pronto. Como era mais caro, ele podia caprichar na feitura, mostrando toda sua habilidade na arte. Não tinha lazer no seu cotidiano. Somente nas festas de fim de ano se dava ao luxo de passear com a esposa pelas ruas, como todos os casais faziam. Nessa época, comprava sapato novo para todos e fazia roupas novas também.

Mas essas pessoas muito sérias e austeras, quando se soltam, saia da frente. Após o passeio noturno com a esposa e filhos na

Festa de Reis, seu Zé Alfaiate deixou-os em casa por volta das 9 horas da noite e voltou para a alfaiataria, para adiantar um terno encomendado por um cliente de Lagoa dos Gatos. No meio do caminho, viu o irmão" João Véio" bebendo no bar de Dona Jovem. Entrou somente para tirar o irmão dali.

- João, bora pra casa?

- Eita Zé! Bora. Mas só se você tomar uma comigo. Só uma. Aí a gente vai embora.

- Tá certo. Só uma.

Essa história de uma só é antiga. O fato é que os dois ficaram muito bêbados e lá pelas duas da manhã resolveram ir cada um para sua casa. Ao chegar em casa seu Zé Alfaiate bateu com força na porta e sua esposa percebeu que ele estava alterado. Disse que não abriria a porta, pois sabia das outras vezes em que isso aconteceu, o pandemônio que deu.

- Zé, tu bebesse de novo? Vai dormir na alfaiataria! Aqui você não entra.

- Abra a porta "Coivara Véia"!

Nenhuma resposta. Ouviu os passos da mulher que se afastou e foi dormir. Ficou muito chateado, bravo mesmo e retirou-se aos "tropicões", indo dormir na alfaiataria. Resmungando, chegou na alfaiataria jurando se vingar da mulher. O bar de Pisquila ainda estava aberto, tornando-se um ponto privilegiado para se assistir o verdadeiro teatro que se desenrolaria, já que seu Zé Alfaiate abriu a alfaiataria e esqueceu de fechar a porta. Nisso, Zé Preto, que nunca ficou sóbrio, postou-se em frente à porta, assistindo tudo de camarote.

- Onde já se viu, dormir no chão!!?? Ela me paga!

Assim que entrou, deu de cara com um o manequim masculino rindo como que "mangando" dele.

- E você ainda fica rindo, seu filho da puta?

Meteu o braço no manequim, que foi pedaço de gesso pra todo lado. No solavanco que deu para esmurrar o manequim, caiu no chão ainda esperto querendo briga. Levantou-se cambaleando, olhou para o manequim feminino, sorriu também e se derreteu:

- E você? Passo horas olhando pra você! Eu te amo! Te declaro meu amor, você só faz rir e nunca diz nada. Agora que seu marido está todo quebrado, porque não fugimos? Vamos fugir e morar bem longe daqui, onde ninguém nos conheça! Você é a coisa mais linda que já vi em toda essa vida. Sempre te amei! Vamos?

Agarrou-se com o manequim feminino e apagou. Acordou umas duas horas da tarde agarrado com o manequim feminino todo quebrado, uma ressaca infeliz e a alfaiataria aberta. Nunca mais ouvi dizer que seu Zé Alfaiate tenha bebido novamente.

Tõe de Mané Aive

Antônio de Manoel Alves, que já é um apelido, no dialeto cupirez se transformou em Tõe de Mané Aive. Um pedreiro de mão e colher cheias, Tõe de Mané Aive também era músico nas horas vagas. Tocava Trombone de Pisto na Banda de Musica de Cupira. Fazia, então, parte do naipe dos metais da banda e isso o tornava muito orgulhoso. Gostava muito do seu instrumento e tinha uma característica muito peculiar. Quando tocava suas bochechas inflavam tanto, que brilhava à luz do Sol ou à qualquer luz que pudesse ser refletida naquela superfície lisa. Mais esquisito só "Antõe Boi Brabo", também trombonista que, além das bochechas infladas, tinha a boca tão grande que sobrava uns 10 centímetros além do bocal do Trombone. Nos ensaios, Tõe de Mané Aive era muito aplicado e já vinha com a partitura estudada e decorada. Quando chegava na sala de ensaios, todo mundo notava, pois exalava um certo odor de cachaça, mas que não incomodava niguém. Sentava sempre perto do seu irmão Beé, que tocava Trompa de Harmonia. Os dois chegavam juntos e saiam juntos, porque, além de irmãos, eram vizinhos. Moravam nas proximidades da Rua da Corrente. Nos tempos de vida ativa, a Banda Municipal de Cupira ensaiava uma ou duas vezes por semana. Isso porque, além dos compromissos da cidade, havia convites esporádicos para tocar em outras paragens. Tocávamos em Panelas, Lagoa dos Gatos, Belém de Maria e Roçadinho, distrito de Catende, na mata sul do Estado. Essa última era a mais esperada porque a banda era tratada com muita estima e consideração. Era uma beleza. Nunca fomos tratados tão bem. Éramos como celebridades. A festa era a da Padroeira de Roçadinho Nossa Senhora de Assunção, comemorada sempre em 20 de agosto de cada ano. Chegávamos lá no dia anterior à festa. Tudo pago, da hospedagem à comida. Na manhã seguinte, às 5 horas, tocávamos a alvorada andando pela vila e acordando as pessoas com música. Isso era repetido, como sempre, às 12 horas e às 18. Iamos jantar e às nove horas da noite subíamos ao coreto para tocar a "Retreta", que era uma apresentação tocando musicas diversas, como boleros, sambas, maxixes e frevos. Ao redor do coreto formava-se uma plateia muito animada, acomodada em cadeiras estrategicamente colocadas para que os ouvintes ficassem mais próximos dos músicos. Nos intervalos entre uma música e outra, sempre vinha pessoa para conversar um pouco e às vezes trazer uma bebida para os músicos adultos. Nós, as crianças, cuja idade variava entre 8 e 12 anos, bebíamos refrigerantes. Vale dizer que, naquela época, whisky era uma bebida desconhecida pela maioria dos músicos da banda. Os que tinham ouvido falar não tinham acesso, porque era muito caro. Pois bem! Num desses intervalos, um senhor empolgado com a música executada, pegou um copo de whisky Royal Label puro e entregou a Tõe de Mané Aive, para que fosse socializado com os demais componentes da banda. Tõe de Mané Aive não entendeu, pensou que era para ele só e o entornou todo de uma só vez. Não passou cinco minutos em pé. Foi arriando, arriando devagarinho e caiu no chão com Trombone e tudo. Foi preciso levá-lo pra Catende para desintoxicação. Mas a "Retreta" continuou, porque "Antõe Boi Brabo", que era segundo Trombone, passou para o primeiro e deu conta do recado.

Dona Ana

Dona Ana era comadre de todas as mulheres de Cupira. Por consequência, era madrinha de quase toda a população jovem da cidade. Sempre solícita, acolhia as pessoas de uma maneira maternal, afável e com muito carinho. Eu presenciava isso quase todo dia, pois Dona Ana morava vizinho do Grupo Escolar Maria de Lourdes Temporal, no qual eu estudava. Quase todo dia a casa dela estava cheia de mulheres, a maioria grávidas, de barrigas enormes, que iam com ela se consultar. Era enfermeira prática e, acima de tudo, parteira da melhor qualidade. Só cobrava dos casais mais abastados. Aquelas mulheres que ela via que não tinham condições, não cobrava e ainda comprava os remédios que necessitavam. Não custou muito para que os políticos, interessados na sua popularidade, a convencessem de se candidatar a vereadora. Ela atrairia muitos votos para o candidato a prefeito. Dona Ana relutou, disse que não tinha jeito para aquilo, que fazia as caridades porque era da índole dela e, na verdade, nunca tinha pensado em se candidatar. O prefeito da época era Manoel Totô, homem de família influente, candidato a reeleição. De classe média, pessoa simples e comunicativa, bem avaliado na gestão em curso, era ameaçado no pleito pela candidatura de Ezequiel Bertino de Almeida, seu opositor. Dona Ana apoiava Manoel Totô, mas nunca subira em palanque algum para fazer discursos. Tanto insistiram, que ela terminou cedendo. Candidatou-se.

No primeiro comício da campanha, o palanque estava cheio. O palanque era uma tablado montado em cima de quatro tambores do 200 litros, ao qual os candidatos tinham acesso através de uma pequena escada anexada e encaixada no tablado. Depois de vários vereadores falarem, chegou a vez de Dona Ana.

- Minhas comadres! Eu nunca subi em nenhum palanque para pedir votos pra ninguém. Mas desta vez, eu não tive como me furtar. Manoel Totô foi e é o melhor prefeito que Cupira já teve e tem.

E continuou:

- Minhas queridas comadres! Dediquei toda minha vida a vocês e agora eu peço com todas as minhas forças! Vamos votar em Manoel Totô! Não é qualquer um que vai derrubar um homem valente e de tanta determinação e honestidade. Sei que não vai ser fácil, porque a força do dinheiro é muito grande. Neste país, quem tem mais dinheiro ganha a eleição, ganha jogo de futebol, ganha tudo. Ganha eleição, principalmente, porque tem gente que ainda vende seu voto e, o pior, vende também os votos da família. É muito duro vencer o poder do dinheiro nesse país e, principalmente nesta cidade.

E gritou:

- Minhas comadres! Vamos à luta! Vamos á vitória!

E gritando ainda mais forte, a plenos pulmões atacou:

- Minhas comadres, essa é dura, mas Manoel Totô leva!

O prefeito não gostou muito, mas aplaudiu.

O Serra-Velho

O costume de "serrar" pessoas idosas, é um daqueles costume que deveria acabar. Cultura que machuca, que traumatiza e que ridiculariza, deve ser banida. Assim, deveriam desaparecer além do "serra-velho", vaquejadas, touradas, farra do boi, briga de galo, briga de cachorro, tudo que faz sofrer de uma maneira ou de outra. É isso que hoje eu defendo. Antigamente em nome da tradição, tudo isso era natural. Mas, hoje, a humanidade avançou nesse aspecto e muitas dessas tradições danosas estão sendo descartadas. Ainda persistem as que juntam muita gente e rendem muito dinheiro, como touradas e vaquejadas. Espero que um dia elas sejam eliminadas também. Mas o fato é que, na minha infância e adolescência, o "Serra-velho" existia e eu achava a coisa mais natural do mundo. Mas é cruel. O evento acontece em geral na semana santa, da sexta para o sábado de aleluia, sendo mais comum em cidades do interior. Uma turma se reúne, elege o velho ou velha a ser "serrado" ou "serrada" e vai para a porta dele ou dela, à meia noite, com tudo quanto é de instrumentos de fazer zoada. Lata velha, chocalhos, tambor, caixa, prato, apitos, o diabo a quatro, que provoque ruído forte e incomode bastante. Além dessa parafernália, o imprescindível é um serrote e um pedaço de madeira para começar a "serrar" a criatura idosa. Em alguns casos tem até "incelência". E cantam:

> Uma incêlencia
> Por detrás dos avelóis
> Morresse corno véio
> E deixasse a mulher pra nós

Fazem a maior gritaria, choram e rezam encomendam e rogam pela morte do "suplicante".

No ano de 1968, a pessoa escolhida para ser "serrada" foi uma prima da minha avó materna, que era vizinha dela e a gente a tratava como tia Lilia. Por ter o corpo cheio de sardas, essa prima da minha avó era chamada de "Ovo de Peru", apelido que a deixava possessa quando alguém a tratava desse jeito. A casa de tia Lilia, era uma casinha de taipa, com uma porta e uma única janela, cuja altura não chegava a um metro e meio do chão. Acontece que a informação vazou dias antes e a velinha preparou uma surpresa para aqueles jovens tão amáveis.

Cabe aqui falar um pouco de um utensilio, que hoje não é mais usado, mas naquele tempo era de extrema necessidade. Como a maioria das casas não tinha banheiro interno, o "aparelho" como se dizia, era do lado de fora da casa. Utilizava-se então, o penico para se fazer as necessidades vitais para qualquer ser humano. Pois bem, tia Lilia não teve duvida. Preparou o penico com o produto de dois dias e deixou-o lá num canto, maturando. Quando deu meia noite começou a função, bem embaixo da sua janela. Primeiro o serrote, serrando um pedaço de tábua. Depois começou o "chororô".

- Agora vamos fazer o testamento de "Ovo de Peru".

Um deles abriu um caderno e começou a escrever.

- A casa eu fico com ela.

- Você vai ficar é com isso, seu cabra safado!

Gritou a velhinha, abrindo a janela e jogando o penico, cheio do produto, em cima da turma indefesa de maneira calculada, para que todo mundo fosse agraciado. Foi uma debandada geral, o que acabou com o "serra-velho". Tia Lilia estava velhinha, mas não estava morta!

Dona Tõinha do arroz doce

A casa de Dona Tõinha ficava numa rua por trás da nossa casa. Lá morava com seu esposo, seu Amaro Minga, e seus filhos Natalícios, Antônio, Cícera e seu neto Edinho. Vale dizer, para não fugir à regra, que Antônio era conhecido na cidade como Antõe Cara Larga. Apelido adquirido por uma leve desproporção em seu rosto. O que não o tornava uma pessoa feia. Era só um pouco diferente. Eu diria que ele tinha uma ligeira aparência com o ator americano Jack Palance. A casa de Dona Tõinha, na verdade, era dividida em duas partes: a parte onde ficavam os quartos e a sala de jantar da família e a parte onde funcionava uma "venda". Seu Amaro, esposo de Dona Tõinha, é que tomava conta da venda. A parte onde funcionava a casa propriamente dita, era utilizada aos domingos para comercializar e servir arroz doce e mungunzá, que a gente chamava de "manguzá". Durante a semana, só funcionava a venda de seu Amaro Minga, apelido interessante porque é no sobrenome. Não se sabe a causa desse apelido, mas era assim que ele era conhecido. No dia em que eu tomava banho, uma vez por semana, minha mãe me dava dois mil réis e eu comprava um pão francês lá em seu Amaro Minga. Nunca mais comi um pão francês puro, tão gostoso. Era uma espécie de prêmio por ter deixado minha mãe me dar banho. Coisa que dava certo tra-

balho, esse banho semanal. Era uma banho de bacia com "sa-
bão de barra", que ardia nos olhos.

Dos filhos do casal, destaco minha comadre Cícera. Pessoa
amiga, solícita e gentil, da qual me tornei compadre de
fogueira, em uma noite de São João. Comadre Cícera foi embora para São Paulo e nunca mais a vi.

O encontro aos Domingos na casa de Dona Tõinha era o laser
mais apreciado pelos jovens da cidade. O movimento era
muito grande. O arroz e o mugunzá eram servidos em uma
mesa enorme, equipada com dois bancos laterais do tamanho
da mesa, na sala de jantar da casa. No fogão de lenha próximo
à mesa, duas panelas gigantescas de arroz doce e mungunzá,
atendiam a demanda daqueles jovens barulhentos e doidos para
serem atendidos logo. Dona Tõinha muito paciente e amável
nos servia, sempre com um frasquinho de canela em pó, que
ela tirava do bolso do avental e colocava no prato de quem rei-
vindicasse. E assim era o Domingo à tarde em Cupira. Era o
"point" mais frequentado. Nesses encontros saíram muitos na-
moros e vários casamentos. Dona Tõinha do Arroz Doce foi
com certeza, a mais importante representante da cultura gastro-
nômica cupirense da época. Quem visitava a cidade, não saia
sem conhecer e se deliciar com o mungunzá e o arroz doce de
dona Tõinha.

A aposta de Mané Tinto

Um dos maiores apostadores da cidade de Cupira foi Mané Tinto. Estava sempre desafiando quem estivesse por perto. Mané Tinto era um homem de mais ou menos cinquenta anos, com aparência dos nosso povos originários e muito forte. Era desses homens naturalmente "marombados", sem fazer esforço algum. Tinha o corpo dos senhores de meia idade de hoje em dia, que vivem "malhando" e fazendo "Cross fit" em academias de ginástica. Comia muito e era conhecido como a pessoa mais flatulenta da cidade. Soltava muitos "puns" mesmo. Aproveitando-se desse dom de que era portador, Mané Tinto resolveu ganhar dinheiro com o seu singular talento. Numa certa manhã de domingo, depois de ter comido um prato de batata doce com ovos e leite e outro prato de cuscuz com carne de bode regado café requentado, foi para o Ponto Certo, bar que era lugar de encontro nos domingos e feriados.

- Aposto que dou 200 peidos em cinco minutos.

Risada geral.

- Não estou brincando. Estou preparado com toda munição possível.

Nisso, foi chegando Manoel Henrique Rico (porque tinha um Manoel Henrique Pobre também), que disse:

- Aposto 300 mil réis, que você não consegue essa quantidade absurda de peidos. Eu ouvi de longe sua pabulagem.

- Eu topo. Vamos "casar" o dinheiro.

Cada um botou 300 mil réis em cima da mesa, quando Zé Pai da Mata se ofereceu para contar o tempo e Fumeiro para contar os "traques" valiosos. Mané Tinto se preparou dobrando a perna esquerda e inclinando o corpo para a direta, fez o sinal de que poderia começar para os juízes, e...

- Já!

Gritou Zé Pai da Mata, olhando para o relógio.

- Um, dois três, quatro cinco, seis...

Contava Fumeiro na velocidade de uma explosão a cada dois segundos. Quando completou 100 "traques", o tempo já estava em 3,3 minutos.

- Não vai dar! Acelera aí!

Disse Zé Pai da Mata, o que foi acatado por Mané Tinto, que aumentou a velocidade para um peido a cada segundo. A catinga era braba. O mundo estava azul com a densidade de gás sulfídrico exalada pelo competente "flatulentista". A essa altura, a plateia já era imensa e estava se protegendo com um lenço no nariz. Todos em silêncio torcendo, uns a favor e outros contra, mas em silêncio para não atrapalhar a contagem. As pequenas explosões foram se sucedendo e no ultimo segundo, Mané Tinto ganhou a aposta, para delírio da galera, que saiu dali na carreira, pois ninguém aguentava mais o odor desagradável de pólvora misturada com ovo cozido, que tomou conta do ambiente. Mané Tinto aproveitou a embalagem e ainda soltou mais uns dez traques, para confirmar e assegurar sua vitória histórica.

Antônio Pau Dentro

Ao contrário do que o leitor esteja pensando, o apelido de Antônio José da Silva decorre da sua atividade comercial. Antônio Pau Dentro tinha um estabelecimento comercial, no qual vendia uma cachaça preparada com raízes de diversas plantas. A famosa "temperada", largamente conhecida na região. Acontece que as raízes que Antônio usava em sua cachaça eram raízes medicinais, a saber: quixabeira, gengibre, kava-kava, erva babosa, canela e folhas de hortelã. Então vamos às benesses da "garrafada" de Antônio Pau Dentro:

-A raiz de quixabeira serve para inflamações externas e internas. O gengibre alivia enjoos e mal estar. Kava-kava é bom para casos de ansiedade e insônia. A erva babosa é anti-térmica, anti-inflamatória e cicatrizante. Já a canela melhora a circulação e melhora o colesterol.

Explicava Antônio recém-estabelecido na cidade. Alguém tomou, gostou tanto do sabor, quanto do efeito e fez propaganda.

- Rapaz, tomei uma cachaça ontem! Pense numa cachaça milagrosa! Eu estava com dor de barriga, desfalecido com uma caganeira da gota. Tava fraco mesmo! Tomei a cachaça, tô bonzinho. Menino! É uma garrafada cheia de pau dentro, de toda qualidade de planta e misturada com uma cachaça boa da "febe do rato".

- Onde é? Como é o nome do homem?

- É num "bequinho", perto da Rua do Cruzeiro. Só sei que o nome do homem é Antônio. Mas pode perguntar lá na Rua do Cruzeiro onde é a venda de seu Antônio da cachaça do pau dentro, que todo mundo sabe.

Pronto! Estava aí o argumento para o apelido do homem. Assim, criou-se o apelido de Antônio Pau Dentro. Homem simpático e comunicativo, que também gostava de apostar. Era também um ciclista de mão cheia e costumava andar de bicicleta muitas horas por dia. Num final de tarde estava na Praça Melo Bastos, na frente do cruzeiro, local onde hoje é a igreja matriz, conversando e disse que era capaz de passar um dia todo em cima da bicicleta. Nessa roda de amigos estava Zé Perequeté, influente e próspero comerciante da cidade.

- Se você consegue ficar um dia em cima da bicicleta, eu faço uma aposta com você. A aposta é a seguinte: você sobe na bicicleta exatamente oito horas da manhã e só pode parar oito horas da manhã do dia seguinte. Se você fizer isso sem botar o pé no chão, eu lhe pago 500 mil réis. Só para movimentar a cidade.

Disse Zé Perequeté.

- Oito horas não, mas se for dez horas da manhã, eu topo. Eu preciso tomar café e fazer minhas necessidades antes. Pode ser?

- Assim eu só pago 200 mil réis.

- Topado!

O evento foi marcado para o sábado seguinte, na mesma praça em que estavam. Começaria às 10 horas exatamente e terminaria no domingo, também exatamente às 10 horas da manhã.

Nove e meia da manhã de um sábado ensolarado, com poucas nuvens e uma leve brisa, davam um ar gostoso ao clima festivo do evento prestes a se desenrolar. Muita gente reunida em volta da praça, aguardava o começo da peleja. Saindo do "bequinho" onde morava, surge Antônio Pau Dentro a pé, conduzindo sua bicicleta Monark pintada de vermelho e branco, dirigindo-se ao local marcado para o inicio do evento. Para que houvesse controle, o percurso combinado seria em torno da própria Praça Melo Bastos. Brás Bala e Sebastião Bala, amigos de Zé Perequeté, acompanhariam a lisura da contenda. Exatamente às dez horas, Antônio Pau Dentro sobe na bicicleta e tira o pé do chão. A partir daí, só poderia parar às dez horas do dia seguinte, que era o domingo. Pedalando calmamente em torno da praça, Antônio Pau Dentro conversava, tomava sorvetes, comia pequenos lanches e, sempre atento, cumpriu o combinado à risca. Passou a noite e, evidentemente no outro dia, estava exausto, mas, exatamente às 10 horas parou a bicicleta e colocou o pé no chão.

- Bravo! Bravo! Bravo! Arretado!

Aplaudiu aos gritos, o amontoado de gente, quase toda a cidade, para saudar o enorme feito do agora famoso Antônio Pau Dentro. Apesar da origem inocente do apelido, a maioria das pessoas garante que sua gênese é outra.

Mané Barrinha e Valero

Era uma espécie de festival dos cantadores de Cupira, no qual foram convocados todos os repentistas que moravam na cidade, bem como os dos sítios também. Formou-se uma banca que dava notas às performances dos cantadores em diversos estilos e, aquela dupla que tivesse maior numero de pontos, seria a vencedora. O prêmio seria a própria "bandeja", recipiente no qual eram depositadas quantias doadas pela plateia, cheia de admiradores da cultura popular. Depois de várias duplas apresentarem-se, chegou a vez de Mané Barrinha e Valero. O apelido Valero era uma corruptela do verdadeiro nome, Valério. No interior, todo mundo tem apelido. Nem que seja por não se conseguir pronunciar o nome verdadeiro corretamente.

Mané Barrinha era um poeta romântico, sutil, calmo, que lidava bem com os versos. Vivia cantando pelos sítios e lugares onde pudesse obter algum dinheiro com sua cantoria. Também era uma pessoa desprovida de beleza, se tomarmos como base o modelo de boniteza vigente. Dizia-se que era o cantador de viola mais feio mundo. Pura maldade.

Valero por sua vez não vivia da viola. Era marchante e pegava na viola esporadicamente, por esporte, como costumava dizer. Era uma pessoa meio rude e seus versos, "limeirianos", carregavam palavras duras e "nomes feios". Nunca se ouviu um verso de Valero, que não tivesse um "febe do rato", "bobônica tempero". "tife tamburete" e outros mais estranhos ainda.

Apresentaram-se e, no tema livre, evidentemente Mané Barrinha sobressaiu-se de maneira brilhante. Chegou o momento do mote, no qual a plateia sugere o tema. Seguiram-se vários temas até que Bival, filho de seu Severiano, deu o seguinte mote:

> Se feiura fosse riqueza
> Mané Barrinha era rico

Acontece que seu Severiano, pai de Bival, também tinha a fama de ser uma pessoa que não carregava muito da tal boniteza vigente. Nenhum cantador pode recusar um mote, sob pena de ficar desmoralizado. Seria um desastre se algum deles não glosasse o mote. A primeira glosa foi de Mané Barrinha, mesmo com o conteúdo do mote.

> Filho de Severiano
> Bival acha que é bonito
> O dito pelo não dito
> Belo é o ser humano
> Vou me casar este ano
> Com uma linda princesa
> Em matéria de beleza
> Eu minto e faço fuxico
> Se feiura fosse riqueza
> Mané Barrinha era rico

No que Valero completou:

> Sou cantador de primeira

Pois eu me chamo Valero
Sou a "tife redolero"
Sou sorto na buraqueira
A minha glosa é ligeira
Parceiro feio é moleza
Todo caba com brabeza
Tem coceira no furico
Se feiura fosse riqueza
Mané Barrinha era rico

A plateia vibrou, a cantoria continuou noite a dentro e o prêmio ficou para a dupla Mané Barrinha e Valero.

Zé Quiabo

A pessoa mais inteligente de Cupira, foi o grande amigo Zé Quiabo. Irmão mais novo de João Prizes e Severino Prizes, além de ajudar como contador na loja de pano de João, era também radiotécnico. A sua oficina ficava em um espaço no interior da loja, cujo acesso se dava por uma pequena porta no próprio balcão. Lá, todo tipo de ferramenta elétrica podia ser encontrado. Quando não estava atendendo alguém, Zé Quiabo estava "futucando" na sua oficina, consertando rádios e qualquer utensilio eletrodoméstico que aparecesse. Assinava uma revista do ramo, na qual os novos circuitos de rádios, que ele denominava "esquemas", o ajudavam nos consertos dos rádios de tecnologia mais moderna. Também era um estudioso da eletricidade e das transmissões remotas. Muito desconfiado, Zé Quiabo não permitia que juntasse muita gente na sua oficina. Não lembro quando entrei lá pela primeira vez. A imagem que tenho é já com mais de 10 anos de idade, indo quase todo dia "apiruar" na oficina de Zé Quiabo. Ficava olhando a desmontagem dos rádios com suas pecinhas coloridas e uma luzinha comum nos rádios daquela época, que me fascinavam. Zé Quiabo era uma pessoa generosa e atenciosa, pelo menos comigo. Aturava minhas perguntas frequentes querendo saber tudo sobre o que ele estava consertando. Uma vez o vi estudando um "esquema" complexo e diferente dos rádios comuns.

- O que é isso, Zé Quiabo?

- É o esquema de um transmissor. Eu vou montar uma rádio em Cupira.

- Eita! Arretado!

Comentei admirado. Dali uns três meses o transmissor estava pronto. Sem cerimônia alguma, Zé Quiabo colocou a rádio no ar. Com um microfone antigo, daqueles que parecia um farol de bicicleta, um disco de Tonico e Tinoco e mandou brasa.

- Esta é a Radio Difusora de Cupira, falando em caráter experimental, para todo o Agreste. Ouviremos com Tonico e Tinoco, a música Paranaguá.

E subia o volume. Acontece que já estávamos na ditadura militar. O golpe já havia sido dado. Tudo era controlado pelos militares. Não sei como, detectaram as ondas da rádio de Zé Quiabo. Foram em cima. Quase que o amigo foi preso. Que eu saiba, nunca mais a incrível rádio de Zé Quiabo foi ao ar.

Continuei frequentando sua oficina até quando "arribei" para o Recife. Ia lá não somente para "apiruar", mas também tinha o costume de levar um livro da escola, para estudar. Foi quando levei um livro de Geografia, no qual estava estudando o Sistema Solar. Uma figura mostrava o sistema com os nove planetas (naquele tempo, Plutão ainda era considerado um planeta) e outra figura maior destacava a Terra com seus continentes e a vasta quantidade de água entre eles.

- Se a Terra é solta no espaço, por que a água do mar não derrama e por que a gente não cai?

- Demorei um bocado para responder essa pergunta.

Grande Zé Quiabo! O "professor pardal" da cidade.

O enchimento de vinho de jurubeba

Se na capital a dificuldade de emprego é grande, no interior ela é ainda maior. Minha mãe teve 22 filhos, dos quais 11 vingaram. É compreensível que, com baixa renda, ela quisesse uma ocupação, de preferência remunerada, para os filhos que já estivessem em idade produtiva. Em Cupira havia uma fábrica de vinho de jurubeba, que o povo chamava de "enchimento", cujo dono era seu Antônio Rodrigues. Conhecido de mamãe, seu Antônio Rodrigues era um pessoa respeitada na cidade e muito solícita. O seu vinho de jurubeba era muito consumido pelas pessoas, principalmente em finais de semana, pois tinha um preço acessível.

A jurubeba, é uma planta medicinal de gosto amargo, que pode ser usada para auxiliar no tratamento de doenças, na culinária ou na preparação de bebidas alcoólicas como cachaça ou vinho. O vinho da Jurubeba não é feito só dessa fruta. Setenta por cento da sua composição é de vinho tinto de uva seco, macerado de jurubeba, extratos de cravo, canela, boldo, genciana, xarope de açúcar, álcool etílico potável, caramelo de milho e mais o que o freguês quiser. Sua graduação alcoólica é próxima de 17%. Muito bem. Em um espaço grande atrás da casa de seu Antônio Rodrigues, o vinho de jurubeba fabricado era armazenado em grandes tonéis de madeira afunilados, os quais eram dotados de uma pequena torneira na sua base. Membros da própria família de seu Antônio Rodrigues trabalhavam na fabricação desse vinho. Com o aumento do consumo, houve a necessidade de contratação de pessoal para atender a demanda crescente. Havia necessidade de aumentar a velocidade da linha de montagem das garrafas, que já tinham rótulos e tudo. A essa altura, Batola meu irmão já estava com uns 15 anos e doido pra trabalhar. Queria ter o seu próprio dinheiro.

- Mamãe, eu soube que no enchimento de seu Antônio Rodrigues tem uma vaga pra trabalhar lá. A senhora deixa eu ir?

- É uma responsabilidade muito grande. Seu Antônio Rodrigues é gente muito boa, você ainda é muito novo, eu tenho medo que você faça alguma besteira lá.

- Eu prometo que só vou trabalhar. Posso ir?

- Pode!

Disse mamãe, receosa pelo fato de Batola ser ainda muito novo e muito brincalhão.

O trabalho era muito simples. Ele trabalharia como "envasador de vinho", que não é nada mais do que enchedor das garrafas de vinho. Ele sentaria num banquinho em frente a um grande tonel de madeira, na torneira do qual tinha acoplada uma mangueirinha, para facilitar a introdução na boca da garrafa, enchendo assim uma garrafa de cada vez. A linha de montagem começava na lavagem das garrafas. A garrafa era lavada, após a lavagem, era rotulada e depois disponibilizada para receber o vinho. No dia marcado, Batola acordou cedinho, tomou café, mamãe o abençoou e oito horas em ponto ele estava na porta do enchimento. Entrou, como já sabia qual era o trabalho, pois no dia anterior houve um ligeiro treinamento, começou a encher as garrafas pra valer. A medida que foi enchendo as garrafas foi também pegando prática, aumentando a velocidade.

- Eita! As garrafas estão acabando. Aumenta aí a rotulagem!

E mandou brasa. Chegou uma hora em que não tinha mais garrafas.

- Eita! Acabou!

- Segura aí. Já, já vai mais garrafa.

Disse Arnaldo, filho do dono.

- O que é que eu faço?

- Sei lá! Bota na boca!

Retrucou Arnaldo com uma certa ironia.

Batola na sua inocência, não percebeu a ironia. O vinho docinho, toda vez que faltava garrafa, a mangueira ia pra boca. Nesse ritmo, a coisa foi ficando animada. Não passou duas horas trabalhando. Batola chegou em casa carregado em um carro de mão, todo vomitado.

- Meu Deus! Esse menino saiu daqui para trabalhar e volta nessa situação!

Nunca mais Batola trabalhou no ramo de bebidas.

Dona Minervina, minha mãe

Baixinha, simpática, gordinha, com cara dos nosso povos originários, Dona Minervina, minha mãe, era uma pessoa santa. Fora de casa, era uma personalidade respeitadíssima. Religiosa, caridosa, solícita e muito ativa na igreja católica, era uma das diversas senhoras que cuidavam da casa de São João Batista, padroeiro da cidade. Era também "Filha de Maria", uma espécie de congregação cristã, cuja padroeira era Maria, mãe de Jesus. Além disso, era devota de Nossa Senhora das Graças, santa bonita, que tinha feixes de luz, saindo das suas mãos. Minha mãe dizia que, quando morresse, iria direto para o céu sem passar pelo purgatório. Iria em uma carruagem reluzente, deslizando sobre uma estrada de feixe de luz, ladeada por rosas e "copos de leite", cheia de curvas, ligando a Terra ao céu. Quando criança, eu acreditava piamente nisso e até imaginava-a subindo aos céus à noite, deixando um intenso e belo rastro luminoso na sua passagem. Mamãe era tão crédula, que uma vez viu o sangue de Cristo jorrando da hóstia consagrada na hora da "elevação". Lá em casa, tudo era primeiro para a igreja, depois vinha o resto. Papai tinha umas poucas vacas leiteiras e o combinado era que mamãe venderia o excesso de leite produzido e a renda seria dela. O que foi feito. Ela vendia, mas o litro de leite que ia todo santo dia para a casa do padre, esse era de graça. Essa era minha mãe, religiosa, séria, caridosa, respeitável e rezadeira. Por falar nisso, aprendeu a rezar em pessoas enfermas. Sua reza era muito forte. Eu diria até que era fortíssima. Se ela rezasse ajoelhada ao pé da cama da pessoa enferma, com aquela energia, fé e concentração, dentro de sete dias, se a pessoa não ficasse boa, podia comprar mortalha e o caixão. Não tinha nem perigo. O caba ia mesmo conversar com o além.

A outra Dona Minervina, era a que tinha dentro de casa. Carismática, descontraída e uma liderança indiscutível, ela era a pessoa mais divertida do mundo. Tocava "vialejo", lia folhetos de cordel cantando, dançava, cantava coco e, quando estava inspirada, fazia a maior festa dentro de casa. Mesmo dentro de casa não faltava a parte religiosa também. Antes do jantar, a gente tinha que rezar um "terço". Uma fome da gota, mas o "terço" antes do jantar tinha que ser rezado. Isso era feito dentro de um quartinho, onde tinha um "oratório", além de um bocado de santos, como Santa Terezinha, São João e São Cristóvão, santo dos motoristas, que era para proteger Batola nas estradas da vida. Tinha também uma imagem do espírito santo, da qual eu morria de medo. Era um pássaro mal feito, com o bico e uma parte da asa quebrados, feio demais. Quando passava sozinho pelo quarto não olhava pra dentro. Não queria ver aquele bicho feio. Só depois do "terço", a gente era liberado para jantar. Lá em casa tinha uma mesa bem comprida, para acomodar muita gente, pois éramos muitos. Além de servir para comer, essa mesa acomodava a plateia para ouvir os folhetos de cordel cantados por mamãe. O Pavão Misterioso, A chegada de Lampião no Inferno, A História de Roberto do Diabo, Coração de Luto, que foi um chororô danado, A História de Bernardo e Dona Genevra e muitos outros.

Na cidade de Genova

Havia um negociante
De dinheiro e muitos prédios
Ele contava bastante
E na forma de viver
Era mais interessante

Casado com uma mulher
De grande abilidez
Lia escrevia e contava
Falava bem português
Italiano, latim,
Grego, alemão e francês

Chamada Dona Genevra
Amava muito ao marido
Ele chamado Bernardo
De todos bem conhecido
Neste lugar não havia
Outro casal tão unido

E ia lendo e cantando. Era a coisa mais linda do mundo. Isso
acontecia quando faltava luz e ela estava com disposição. Depois do jantar, quando a mesa já estava limpa, ela pegava um
maço de folhetos guardado a sete chaves, amarrado com um
cordão, trazia-o, desamarrava-o e nos mostrava. Ia começar o
espetáculo. Sentada na cabeça da mesa, colocava o maço de
folhetos do lado direito e ia lendo um por um. Logo sentáva-
mos nos bancos laterais e ficávamos ouvindo, atentos a cada
estrofe do folheto cantado. Os filhos e filhas dos vizinhos ouvi-
am das suas casas, aquela boniteza e, não raro, iam ver e ouvir
de perto as incríveis histórias contadas naquele teatro divino,
às vezes sobrenatural e assombroso, às vezes cômico e às vezes muito triste. A junção de adolescentes em um mesmo lugar, alguma coisa de hormônio-sem-vergonhice tinha que
acontecer. Acotovelados no banco, sempre rolava mãos bobas
por debaixo da mesa. O teatro do cordel de Dona Minervina

era inesquecível. Tenho certeza que ficou gravado na memoria de todos que tiveram a sorte de participar dele.

O maço de folhetos era renovado assim que um título lhe chamasse atenção. É que o vendedor de folhetos, no dia da feira, armava seu arsenal mesmo em frente ao armazém de seu Dedé, meu pai, no qual minha mãe trabalhava como caixa.

- Vá comprar ali o folheto do cego Aderaldo.

Incumbiu-me. Pegou o dinheiro na gaveta, meio escondida do velho e me deu para comprar o folheto ao empolgado vendedor, arrodilhado de gente, que também lia o folheto cantando.

O teatro era só uma parte das facetas artístico-culturais de Dona Minervina. De vez em quando, pegava o "vialejo" e começava a tocar um baião temperado. Cada um pegava qualquer coisa que fizesse som e se aproximava dela aos poucos, compondo um conjunto musical, cujo som era agradabilíssimo e muito alegre. Havia um velho violão, comprado por ela, no qual meu irmão Onildo era o craque. Ele fazia o acompanhamento. Nós, os outros, com frigideiras, baldes e chocalhos, fazíamos a percussão. Tocávamos, cantávamos e dançávamos muito dentro de casa. Esse "samba" ia até a hora em que meu pai chegava. Quando se ouvia o tilintar do trinco na porta:

- Guarda os instrumento, que lá vem o leão.

Dizia mamãe parando imediatamente a festa. O velho era do signo de Leão. Brabo, controlava os filhos na base do cacete. Minha mãe, não. Era uma liderança perfeita. Na base da conversa, dobrava até o próprio Leão. Isso não quer dizer que ela eventualmente não usasse o chinelo para corrigir algum incauto que se atrevesse a infringir suas regras.

Às vezes quando estava muito alegre, dançava e cantava o seguinte coco:

Eram quatro cabelos no c..
Arrancou três ficou um

Mas, eram quatro cabelos no c...
Arrancou três ficou um

Cantava e dançava esse coco, dando pulinhos para a direita e para a esquerda. Entendíamos como uma aula lúdica de matemática.

Um ditado, que minha mãe dizia quando estávamos em uma rodinha conversando ou estudando, era:

- De maneira que ao redor do c... tudo é beira.

Isso, muito antes do "funk" de Ariano Suassuna. Ariano é maravilhoso, mas mamãe foi mais radical, mais "rock and roll".

Além de tudo isso, que considero uma dádiva da natureza, ter nascido dela, mamãe era extremamente amorosa e atenciosa com toda sua família. Fui o penúltimo dos seus 22 filhos. Ela era muito obediente à Bíblia e gostava de várias "passagens", principalmente aquela que diz:

"Crescei e multiplicai!"

O Essencial

O fato de uma pessoa ser homossexual não é uma questão de opção. Ninguém quer viver discriminado e desmoralizado perante a sociedade, correndo risco até de ser assassinado. A natureza cria em sua evolução, animais, vegetais e minerais, com misturas de elementos em menor ou em maior proporção, que lhes dão aspectos diferenciados. A natureza é sábia. Assim, é que em um cristal de quartzo, por exemplo, a maior ou menor quantidade de ferro e outros elementos em sua composição, determinam diferentes cores e até suas diversas formas. Em relação aos animais é a mesma coisa. Cada vez que uma pessoa é gerada, bilhões, trilhões de partículas se juntam para formar esse ser. Com a natureza sempre em evolução, seres do mesmo grupo nunca saem exatamente iguais. O que é maravilhoso. As pessoas nascem do jeito que são e vão evoluindo, até adquirirem a orientação sexual que mais lhes aprouverem. Ninguém pediu ou resolveu ser hetero ou homossexual. Mas o preconceito é enorme e uma coisa terrível. Ao invés de analisar a pessoa pelo seu caráter, competência e pelos seus atos em relação à sua comunidade, a sociedade julga e condena o diferente. Ninguém é melhor do que o outro por ele ou ela ter uma orientação sexual diversa. Por que esse assunto incomoda tanto, se o corpo é da pessoa e não do incomodado? Neste sentido, só para ilustrar esse tipo de preconceito ainda existente, acredito que, na maioria das vezes, por falta informação, em Cupira houve um caso engraçado.

Seu Severiano e Dona Helena, casal muito distinto e querido, tinha um afilhado gay, também muito benquisto e estimado na cidade. Nas quartas feiras, o casal saia de casa para fazer a feira. Feira de frutas e verduras, assim como de carnes, fazia-se na rua, nos bancos instalados pela cidade. Andando entre os bancos, nos quais já tinham comprado quase tudo, encontraram o afilhado.

- Bênção padrinho! Bênção madrinha.

Disse o afilhado.

- Deus te abençoe, meu filho!

- Deus te faça feliz, meu amor!

Responderam respectivamente, seu Severiano e Dona Helena. Conversaram um pouco e voltaram às atividades da feira. De braço dado com seu Severiano, Dona Helena comenta:

- Nosso afilhado é um menino muito bonito!

Nisso encontram Adalberto, que de longe, os viu conversando com o afilhado:

- Vocês sabem que esse menino dá o "caneco", não sabem?

Na bucha, seu Severiano responde:

- Deixa de ser besta, Adalberto! Deus só quer a alma da pessoa. O "caneco", ele pode dar a quem ele quiser!

Seu Severiano era um homem sábio e de uma presença de espírito invejável. Também pudera. Nasceu e se criou em São José do Egito, só podia ser repentista também.

João Kengo

Dona Zefinha e seu Amaro das cordas moravam do lado da Praça Cônego Marinho, duas casas antes da casa paroquial. Praticamente vizinhos do padre, eram comerciantes de espanadores, vassouras, cordas, cestos, etc. e eram muito conhecidos também. Morena, forte, alta, mais ou menos do tamanho de seu Amaro, Dona Zefinha era muito extrovertida e falante. Muito bem informada também, mesmo que a informação viesse do exterior, com nomes e palavras em inglês, que ela nem se quer conhecia. Nesse caso, ela pronunciava o que entendia ouvindo o radio. Era ligada. Seu radio Philips passava o dia nas alturas. Na década de 1960, o governo americano tinha um programa no qual enviava alimentos para os países "em desenvolvimento". Era época da "guerra fria" e controlar politicamente os países nos quais tinha alguma influencia, era preciso. Assim, o governo Kennedy criou o programa que tinha o nome de "Aliança para o Progresso". Alimentos, como queijo, leite em pó, farinha de trigo e outros, eram enviados para os padres das pequenas cidades. O controle político era muito forte. Esse programa ajudou muito no planejamento do golpe militar de 1964, pois tinham contatos e informações sobre os padres do interior e sobre as lideranças locais. O padre de Cupira à época foi cooptado pelo exército e tornou-se capelão da ditadura. Algumas lideranças dos trabalhadores rurais foram perseguidas e presas, como Manoel Branco em Cupira. Isso, a partir de 1964. Um ano antes, tudo corria muito bem com os alimentos enviados para a paróquia de Cupira pela "Aliança para o Progresso". Ao invés de distribuir os alimentos com os pobres, o padre enviava primeiro para os amigos, que lhe beneficiavam de alguma forma. Enviava sempre os artigos mais valiosos, como queijo e leite em pó. Depois de abastecer os amigos, é que o padre distribuía o restante dos alimentos com os mais necessitados.

Dia 22 de novembro de 1963. Dona Zefinha e seu Amaro estavam ao pé do rádio ouvindo o programa "Aquarela Nordestina" na Radio Difusora de Caruaru, comandado pelo radialista Ivan Bulhões, líder de audiência.

- A quá quá quá quá!

Bramia o empolgado apresentador de voz fina e alegre, se referindo a aquarela. Tacava música nordestina e começava às 11 horas, terminando ao meio dia. Em seguida vinha outro programa falando sobre futebol. No meio desse programa, exatamente à 12:35 da tarde, de repente, entra a musica do "Reporter Esso" em edição extraordinária.

- Aqui fala em edição extraordinária o "Repórter Esso", diretamente do Rio de Janeiro em rede nacional, para informar o assassinato, agora há pouco, do presidente dos Estados Unidos, John Fitzgerald Kennedy. Segundo a agência United Press International, Kennedy foi assassinado quando desfilava no carro presidencial em Dallas, onde fazia campanha para aumentar sua popularidade.

Foi um choque para Dona Zefinha, que já sabia que quem mandava aquele queijo gostoso era o agora declarado defunto.

Inconformada, saiu gritando pela rua, dizendo a quem encontrava pela frente:

- João Kengo! João Kengo, Amaro! Mataram João Kengo! João Kengo, Dona Minervina! Aquele homem bom que mandava queijo pra gente. João Kengo, Dona Felicia! Meu Deus!

Foi realmente um baque para Dona Zefinha.

Vavá, O Cavaleiro Negro

Filho de Lagoa dos Gatos, Vavá era uma espécie de mistura de Durango Kid e Cavaleiro Negro. Astuto, provocador e briguento, não perdia a oportunidade de arrumar uma confusão. Pelo que consegui captar no meu sensor inexperiente entre criança e pré-adolescente, Vavá era mais um jovem rebelde, mimado querendo emoções. Vez por outra, fantasiado de "cowboy" americano ia pra Cupira atrás de arruaça. As duas cidades não se aturavam bem. Quando tinha jogo de futebol, era meio Brasil e Argentina. O pau comia. Da rivalidade não se sabe o motivo. O fato é que, em publico, com concentração de pessoas das duas partes, sempre havia confusão. Individualmente, não. A convivência era pacífica. Havia muitos amigos e primos nas duas cidades. Havia inclusive muitos casamentos intermunicipais. Porém, quando concorriam em alguma disputa, o bicho pegava. Ainda bem que hoje em dia a rivalidade se diluiu, graças à educação. Professores das duas cidades se misturam, lá e cá, desconstruindo rixas e mágoas, mostrando que somos todos de certa maneira conterrâneos e irmãos. Mas na década de 1960, era muito complicado. Certa vez, umas 11 horas da manhã (lembro bem), vi Vavá pela primeira vez atuando como autêntico Cavaleiro Negro. A diferença entre Durango Kid e Cavaleiro Negro é que este *ultimo* vestia uma capa preta. Durango Kid, assim como o Cavaleiro Negro, vestia-se todo de preto, usava uma máscara que lhe cobria o nariz e a boca, mas sem a capa preta. Os dois eram meio Robin Hood. A diferença de Vavá para os dois cavaleiros generosos, é que Vavá não usava máscara, pois queria ser identificado e tido como um caba brabo mesmo. Não tinha nada a ver com Robin Hood. Pois bem. Todo de preto, montado em um cavalo também preto, entre dois cavaleiros amigos lado a lado, vinha subindo a Rua do Comercio, pela ladeira que dá acesso ao hoje Ginásio Pedro Alves de Souza. Os três devagar, impassíveis, como se estivessem em um "faroeste", avançavam para o centro da cidade. A essa altura, já se ouvia o estalar das portas em cadeia, como se fossem dominós caindo em fileira. Vale salientar que, toda vez que Vavá ia a Cupira, ele fechava a cidade. Vale dizer também, que uma semana atrás, ele e seus amigos acabaram com o espetáculo de um pequeno circo que atuava na cidade. Todo esse atrevimento estava engasgado e precisava de uma resposta. Em marcha lenta, de vez em quando o cavalo preto queria disparar, mas era contido. Pararam na frente da sinuca de Dadão e ficaram encarando os frequentadores. Lá estavam, Zé Bahia, Luís Nunes, Zezé Capoeira e Zé Bom. Desse quarteto, o mais ponderado era Zé Bom, que fazia jus ao próprio apelido. Luís Nunes era famoso por não levar desaforo para casa. Estava com arma de fogo. Era o único. O resto, a arma que tinham, era um "quincé" de faca, menos Zé Bom, que estava desarmado. Clima de duelo. Todas as portas fechadas, menos as janelas, pois os curiosos trêmulos olhavam o desenrolar da situação por estreitas frestas. Os quatro dirigiram-se para Vavá lado a lado em câmera lenta, como em películas de "western".

- O que vocês querem aqui? Vão embora! Estamos armados e prontos pra tudo. De agora em diante se você vier aqui procurar confusão, vai ser recebido à bala.

Disse Luís Nunes, puxando o revolver e dando três tiros para cima. Vavá olhou para os dois que estavam com ele e calmamente foram se desvencilhando, finalmente desaparecendo ao entrar na Rua do Toco.

Que eu saiba nunca mais Vavá, o Cavaleiro Negro, quis fazer arruaça em Cupira. "O remédio de um doido é outro na frente". Dizia minha mãe.

Zezinho Pitoco, Gente Boa

Meu amigo de infância, Zezinho Pitoco (nos tratamos como Gente Boa), é o maior artista que Cupira já criou, sem sombra de dúvida. Baterista, zabumbeiro dos bons, percussionista, saxofonista, clarinetista, compositor, cantor (gravou um Cd maravilhoso) e agora ator. Sim, ator, pois encenou recentemente um emocionante musical em homenagem ao Mestre Dominguinhos, que fez grande sucesso. Minha memória em relação a Gente Boa, já me leva para o conjunto Os Teimosos, no qual ele tocava bateria e eu tocava contrabaixo. Vivíamos rindo. Ríamos, tanto nos ensaios e apresentações do conjunto, como fora dele. O conjunto nos uniu. Passávamos a maior parte do tempo juntos. Bastava um olhar em um ambiente sério, onde não se poderia rir, e a gente caía na risada. Isso às vezes era complicado. Só para se ter uma ideia, uma vez estávamos tocando em um pequeno circo, acompanhando as atrações. Esse circo tinha um palhaço muito engraçado, cujo bordão era:

- Isso é um aperreio da praga!

Dizia, se maldizendo de alguma situação embaraçosa e cômica. Nas primeiras noites, tudo bem. A gente ria da situação. Depois (menino é os pés do cão), a gente começou a rir do próprio palhaço. O pior é que ele, o palhaço, notou.

- Tô de olho em vocês! Pensam que não estou perce-
bendo?

Disse o palhaço, depois de ter falado o bordão. Aí é que não
seguramos a risada. O palhaço ficou brabo e queria brigar com
a gente.

- O que foi? Por que vocês estão rindo? Querem entrar
na porrada?

Disse levantando o queixo, como quem quer partir pra cima.

- E não é pra rir?

- É pra rir das minhas piadas, não de mim, seus fulei-
ros!

Não sei se ele estava falando sério ou se fazia parte do show
dele. Depois desse entrevero, ficamos amigos desse palhaço,
que era um cara legal.

O dono do conjunto, Cícero Cândido ficava possesso com nossas brincadeiras.

- Se vocês fossem um pouquinho maiores, vocês iam
ver!

Reclamava. Aí é que a gente ria, para desespero dele. A gente
tocava de graça. Ele não tinha coragem de colocar a gente pra
fora do conjunto, pois ficaria desfalcado. Mesmo porque Cícero Candido era como um irmão mais velho. A gente gostava
dele.

Uma vez Pitoco foi dormir lá em casa, pois eu queria mostrar o
LP Vibrações, de Jacob do Bandolim, recém-comprado. Tínhamos uma radiola que parecia uma maletinha, equipamento co-

mum naquela época. Ouvimos e rimos muito. Só não foi a noite toda, porque meu pai incomodado, esbravejou lá do quarto dele:

- Paulo, dá o tranca nessa radiola aí!. Vão dormir, dois caba besta!

Outra vez, já estudando no Recife, indo pra Cupira de ônibus, cuja viagem demorava umas quatro horas, encontrei Pitoco em Caruaru, que ia pra Cupira também. Chegamos em Cupira, descemos do ônibus juntos e passamos no armazém do velho, antes de ir cada um para suas casas.

- E aí? Tudo bem?

Perguntei pro meu pai.

- Nada! Roubaram minha Brasília.

- Eita! E aí?

- Encontraram ela na "sorta" de Peu!

Estouramos na risada e corremos dali, com medo da bordoada.

Pelo fato de Gente Boa ter começado a tocar em bailes muito criança, indo dormir muito tarde, a sua saúde não era das melhores. De vez em quando vinha aquela conta que a natureza cobra quando a gente faz extravagâncias. Zezinho Pitoco deu pra desmaiar. Uma vez, a gente estava tocando um baile de São João no Guadalajara, uma casa de shows que havia onde hoje é o Banco do Brasil. Como era noite de São João, o sanfoneiro convidado foi Mané de seu Joaquim Paulo, sanfoneiro muito bom, que sabia todas as músicas de Luiz Gonzaga e era forrozeiro raiz. O baile rolando, a pista de dança cheia, quando foi umas onze e meia da noite, Pitoco me chama com um sinal, no meio da musica:

- Gente Boa, diz a Ciço que arrume um baterista aí, que eu quero desmaiar.

Parou e saiu na carreira.

Participamos do conjunto até ele acabar. Quando acabou, entramos na escola de música. Havia um professor recém-chegado na cidade, convidando jovens para compor a banda de música. Resolvemos entrar na banda. Começamos estudar solfejo, lendo partituras. Gente Boa se desenvolveu rapidamente. Com pouco tempo, estava lendo de "carreirinha" as partituras e solfejando-as na hora. Eu tinha a maior dificuldade para ler partituras. Tinha que levá-las pra casa, estudá-las e decorá-las. Quando ia dar a lição, solfejava decorado e ainda tropeçava nas quiálteras. Pitoco, não. Ele lia na hora. Eu tinha e tenho a maior admiração por quem lê partituras musicais de "carreirinha". Grande Gente Boa.

Depois, Pitoco alçou voos maiores. Foi pra Caruaru trabalhar com o grande Camarão. Camarão tinha uma bandinha de São João e um conjunto de bailes, que era o "top" na época. Zezinho Pitoco tocou nos dois, com grande desenvoltura. Passou um tempo com Camarão e em seguida foi para São Paulo, onde começou a tocar sax na Banda Sinfônica de Diadema, na região metropolitana da capital. Fez parte de um conjunto de bailes muito bom, chamado Mistura e Manda, onde tocava sax tenor. Foi nessa época que conheceu Antônio Carlos Nóbrega, do qual se tornou musico e arranjador.

Gente Boa é um músico virtuoso. Sua vida de sucessos e de retidão, lhe deu muitos amigos e admiradores. Carismático, engraçado e generoso, continua ativo. Estudioso, não desgruda dos seus instrumentos preferidos, clarinete e sax, seja ele alto ou tenor.

Madruga

Baixinho, comunicativo e muito trabalhador, Madruga tinha um "tique nervoso" muito estranho e ao mesmo tempo, muito engraçado. Por algum motivo, ele ia andando normalmente e, de repente, metia o dedo polegar no "genoveva", parava, levantava suavemente a perna direita e ficava coçando. Esse movimento durava de um a dois minutos. Todos já eram acostumados com o "tique nervoso" de Madruga, que também não mostrava constrangimento ao parar sua caminhada no meio da rua para executá-lo com toda naturalidade. Exibir esse comportamento tão intimo e tão peculiar nunca representou problema algum para Madruga. Uns diziam que era "tique nervoso" mesmo, que algum distúrbio Madruga deveria ter. Outros diziam que era oxiúros trabalhando intensamente nos países baixos.

Madruga era um importante jogador titular do Esporte Clube de Cupira (ECC). Habilidoso, jogava no meio do campo, criando jogadas e auxiliando nos ataques. O time pertencia a Clóvis de João Fausto, que era apaixonado por futebol e dava a vida pelo ECC. Dono do bar mais conhecido na cidade, era ele que sustentava e, evidentemente, também escalava o time. Dessa vez, Madruga ficaria no banco. Clóvis queria testar um novo jogador de uns quinze anos, que estava desmanchando os adversários nas peladas da lagoa perto do grupo escolar. O novo jogador era Zito de seu Alfredo, que depois se tornou importante jogador do grande Central de Caruaru.

Começa o jogo Cupira versos Lagoa dos Gatos. Uma rivalidade que muitas vezes chegou às vias de fato. O clima era de festa, misturado com disputa ferrenha, com risco de óbito. Aos quinze minutos do primeiro tempo, Zé Mano, filho de Dona Preta, aproveita um lançamento de Carrinho de Dona Alice e acerta uma bomba, fazendo 1x0 para Cupira. O time de Lagoa dos Gatos não demora a reagir e faz 1x1, ainda no primeiro tempo.

Começo do segundo tempo. O atacante de Lagoa dos Gatos na grande área, se desvencilha de Tão e avança. Zezé de Nina, um dos melhores goleiros da região, se joga nos pés do atacante, leva uma pesada na cabeça, a bola espirra e gol. Lagoa dos Gatos 2x1.

    - Juiz ladrão!!!

Grita Chico de Antero, baixinho brabo, que só um siri na lata. Armado com um guarda-chuva, parte pra cima do juiz, mas é contido por Anterinho, seu irmão, mais brabo ainda, que não viu intensão de falta e nem erro na marcação do juiz. O jogo continua. Zezé de Nina recuperado, entrega a bola a Tota, que passa pra Bar, que entrega a Zé Bom, o armador mais velho do time. Zé Bom repassa em profundidade, nos pés de Zito, que de primeira, faz a rede balançar.

    - Gooooool!

Explode a torcida. O placar agora estava empatado em 2x2. O jogo fica dramático. Para completar, Zé Bom sentiu a perna esquerda, no momento em que chutou aquela bola em profundidade. Pede pra sair. O substituo natural é o grande e competente Madruga. Madruga entra e já arma uma jogada, que coloca Fiinha na cara do gol. Fiinha chuta e o goleiro de Lagoa dos Gatos agarra. E o tempo passando. Quarenta e cinco minutos do segundo tempo. O jogo vai acabar. Momentos finais. Tão sai de lá de trás driblando todo mundo. Madruga acompanha e na grande área recebe a bola dominando-a com destreza. Dribla, um, dribla dois, passa para Zito, que devolve com um toque sutil. Na hora que madruga vai chutar, dá o "tique nervoso". Madruga para, mete o dedo polegar no "genoveva", levanta a perna direita e curte a coceirinha. A bola passa faceira, devagarzinho, sai roçando a trave e escorre lentamente pra fora.

- Uuuuuuuuu!

A torcida murcha de vez. Apito final.

- Miserável! Vou mata-lo! Logo na hora do gol!

Clovis se desespera, sai na carreira do lado oposto do campo gritando e xingando Madruga, que sai na carreira com medo de Clovis pegá-lo, desaparecendo num barranco da lateral do campo.

Madruga rescindiu o contrato, pois não recebia nada mesmo. E nunca mais jogou no ECC.

O Cenclire

Centro Cultural Lítero Recreativo. Esse era o nome do espaço alugado por Cícero Cândido, de início, para os ensaios do conjunto Os Teimosos. Quase vizinho da casa de Genival eletricista, era o antigo cinema de seu Severino Camarão, que tinha ocupado um prédio mais adequado na Rua da Sede. Ensaiávamos lá. Depois do sucesso do baile no Grupo Escolar Maria de Lourdes Temporal, em que tudo foi improvisado, Cícero Cândido resolveu investir e comprou uma bateria, uma guitarra e um contrabaixo. O conjunto agora era profissional. O espaço era legal. Era um vão retangular livre, a partir da entrada, com um pequeno palco no final. O piso era de cimento queimado, liso, próprio para danças. Foi no que deu. Aos poucos foi se transformando em uma espécie de clube, intensamente frequentado pelos jovens da cidade. Durante o dia, além dos ensaios do conjunto, que era uma atração para quem gostava de musica, também tinha jogos como dominó, dama e gamão.

Aos sábados, quase toda semana tinha um baile. O CENCLIRE enchia. Era cobrada uma entrada compatível com o poder aquisitivo do pessoal, de modo que lotava o enfeitado salão. A coisa mais gostosa do mundo é tocar para o povo dançar. É uma satisfação muito grande ouvir o próprio som e ver as pessoas se divertindo com o que você está fazendo. Só quem já passou por essa experiência é que entende isso. A gente se sentia os próprios Renato e Seus Blue Caps. O baile começava às 21 horas e encerrava lá pelas doze e meia ou uma hora da manhã. Foi justamente com a bilheteria desses bailes que os instrumentos, comprados a prazo em Caruaru, foram quitados. Aos domingos, o CENCLIRE era muito animado também. Foi criado um programa de auditório em que crianças eram convidadas a participar. O programa acontecia na parte da tarde, lá pelas 15 horas. Manifestada a vontade de se apresentar, a candidata ou candidato subia ao palco, cantava e o conjunto acompanhava. Dependendo da manifestação da plateia, a criança que fosse mais aplaudida, seria considerada vencedora. Surgiram muitas crianças cantoras. Dentre elas, duas se destacaram. Nevinha, filha de seu Inácio da miudeza, que atualmente mora em São Paulo e Gracinha, filha de Delzuite, irmã de Doge de seu Zé Bidunga. Deviam ter uns 8 ou 10 anos. Talentosas, cantavam as musicas da Jovem Guarda. O conjunto acompanhava as cantoras, igualmente as gravações originais. Era muito afinado. O CENCLIRE e o conjunto evoluíram tanto, que, no auge, o conjunto parecia uma orquestra de baile. Foram adicionados ao grupo os competentes músicos Benedito de Belém e Lau de Roçadinho. O primeiro, um trompetista da maior competência, vindo de Belém de Maria. Tocava todas as musicas executadas pela orquestra de um alemão chamado Bert Keampfert, que fez muito sucesso com interpretações ao trompete naquela época. O segundo, Lau de Roçadinho, era um famosíssimo sanfoneiro, que tocava de tudo. Foi a melhor fase de Os Teimosos e do CENCLIRE. Quando o conjunto acabou, extinguiu-se também o nosso espaço de lazer, o CENCLIRE.

O dia do "velame"

Antigamente, os donos de grandes quantidades de terra, podiam comprar patentes da força nacional brasileira. O governo brasileiro comercializava essas graduações militares. A pessoa que comprasse tal patente tinha função de polícia e mandava e desmandava na sua região. Podia-se comprar patentes de major, coronel, capitão, etc. Pagava-se uma determinada quantia de dinheiro para cada patente e a pessoa entrava para a força nacional, com o mesmo valor e prerrogativas dos militares de carreira. Eram os famosos "coronéis" de patente. Somente os donos de muita terra, tinham dinheiro para adquirir tal benesse. Alguns comerciantes também conseguiram obter êxito nessa empreitada. Muitos não conseguiram. Com poucos "dinares", não alcançavam o montante necessário para se tornar um "terrível defensor da pátria". Conta-se que, nessa época, o importante comerciante de Cupira, Pedro Sucena, quase se torna capitão. Faltaram duas patacas e meia para completar a compra da sua patente tão almejada. Contou uma por uma as moedas guardadas em seu "miaeiro" e chegou à conclusão que o dinheiro era pouco. Dinheiro esse, que não faltou ao major Bastos. Vindo das Alagoas, o major Bastos comprou muitas terras no município de Panelas. Com o tempo, se tornou prefeito daquela cidade. Porém, a maioria das suas terras localizava-se na Vila Cupira. A vila nessa época se desenvolveu muito. Com o crescimento de Cupira, o major Bastos, morador da vila, trabalhou pela sua emancipação, o que aconteceu no ano de 1954. Elegeu o primeiro prefeito da cidade de Cupira, seu Zé Amorim, cujo mandato foi até o ano seguinte. Nesse mesmo ano de 1955, candidatou-se e evidentemente foi eleito. Seu mandato terminou em 1959, mas continuou controlando a política nos bastidores por muito tempo. O major Bastos era uma figura que nunca passaria despercebida. Branco, alto, gordo, mas não muito, bonachão e alegre, sempre vestido de terno branco e gravata vermelha. Seus sapatos, muito bem engraxados, eram de couro em verniz vermelho e branco. Sua elegância se estendia também a outros acessórios. Relógio bonito e caro, vários anéis e, um trancelim de ouro bem discreto completava seu extravagante paramento. Gostava muito de mostrar, com orgulho, um cavalo branco ensinado, que se ajoelhava e trotava na hora que seu dono quisesse. De vez em quando exibia-o, dando um verdadeiro show no centro da cidade. Outra vaidade do major Bastos era um Simca Chambod todo branco e com uma enorme antena de cada lado. Gostava muito de dar voltas na cidade dirigindo lentamente o seu carro branco, que ao frear, acionava uma sirene semelhante àquelas das ambulâncias e as antenas balançavam por muito tempo. Carismático, conversava com todo mundo. Quando fazia essas apresentações, geralmente parava no Ponto Certo, bar central da cidade, onde as pessoas se amontoavam para ver o major e conversar com ele. Essa foi a época de ouro do signatário da emancipação politica de Cupira.

Com o passar do tempo, o major foi perdendo sua força política. Foram surgindo novas lideranças como, seu Dedo, Ezequiel e Manoel Totô, que antes eram seus aliados e depois lhe fizeram oposição. Uma das manifestações de fraqueza política do major foi o famoso dia do "velame". O velame era uma planta abundante na sua fazenda. Considerado "mato", o velame tem caules verdes, em cujas extremidades nascem bonitas flores brancas, brilhantes ao sol. Convocado pelo major bastos, o dia do velame atendia duas demandas. Uma era a de mostrar que ainda tinha o apoio do povo. A outra, menos nobre, era limpar o mato que estava tomando conta de uma porção grande da sua fazenda. No dia marcado para a passeata do velame, meu pai foi tentar dissuadir meu avô, padrinho Tota, de participar daquele perigo, que era a passeata do major. Tinha o risco de ser impedida pelo então juiz Dr. Taumaturgo.

- Ouvi dizer que o senhor vai arrancar o velame do major Basto. O senhor vai?

- Vou. O major me ajudou a comprar e regularizar meu terreno. Eu devo isso a ele.

- É perigoso. Disseram que vão dissolver a passeata na bala.

- E você já me viu com medo de alguma coisa? Vá cuidar dos seus filhos e da sua mulher, que eu já estou velho demais para andar com medo de alguma coisa.

Não teve jeito. Meu avô não só foi, como levou enxada e facão, que usou para arrancar muito velame, ajudando assim, o seu ídolo, o "coronel" major Bastos.

Tiroteio no comício

Pleiteando reeleição, o major Bastos fez intensa campanha relembrando os tempos áureos em que sob sua batuta, o desenvolvimento da cidade foi recorde. É praxe a realização de comícios em tempo de eleição. Naquele tempo mais ainda, pois não tinha a disponibilidade da televisão como veiculo eficiente e confortável de propaganda. A campanha era mais corpo a corpo, o que dava um trabalho danado. No interior, os comícios eleitorais são uma festa esperada por todos. Para eleição de prefeito, reúnem-se todos os apoiadores do candidato em um pequeno palanque improvisado, de preferência na frente do diretório do partido. Começa o comício com alguma atração artística, que, naquela época, era da própria cidade. Quando o candidato ainda estava no poder, a própria banda de musica da cidade era convocada para tocar. Quando não, contratava-se um sanfoneiro e a festa começava. Normalmente, o sistema de som do candidato tocava uma musica que o caracterizava. Quando a disputa era muito intensa e a rivalidade maior ainda, não raro, havia tentativas de sabotagem de comícios dos dois lados.

Tudo estava combinado. O comício aconteceria na nossa rua, a Rua Aderbal Jurema. Estava tudo iluminado, desde a nossa casa até a padaria de seu Luiz Lopes. As luzes penduradas nos fios amarrados de um lado a outro da rua, em zig zag, davam uma claridade intensa em toda extensão do local. Colocamos as cadeiras do lado de fora, mesmo em frente ao grande janelão de "postigo" e ficamos "curtindo" o movimento das pessoas indo para o comício. Estávamos na calçada, minha mãe, Aparecida, Fatima e eu. Papai estava no armazém, que era vizinho à nossa casa. O armazém ficava na esquina e a prefeitura ficava na esquina do outro lado da Rua Chico Dandu, onde hoje funciona a agência dos correios. A Rua Chico Dandu é uma ladeira onde passava um riacho, em cima do qual ficava a casa de Zeca de Japiaçu, construída sobre tábuas para não alagar quando o riacho "botasse" água. Pois bem. Por volta das sete e meia da noite, chegou a polícia em um jipe, com uns cinco soldados. Um deles era muito conhecido na cidade e tinha o nome de Mané da Combréia. Estranhamente, eles pararam o jipe do lado da prefeitura, na Rua Chico Dandu e ficaram ali, distante do comício. Às oito hora começou o comício. Depois dos discursos dos vereadores, na hora em que o major Bastos começou a falar, apagaram as luzes da cidade e a bala "comeu no centro". O som e a luminosidade dos estampidos vieram de onde a policia estava. Foi aquele alvoroço. Corremos todos para dentro de casa, juntamente com as pessoas que iam passando na hora. Eu tinha uns 11 para 12 anos. Falo por mim. Já dentro de casa, a bala trovejando no meio do mundo. me deu uma tremedeira nas pernas tão grande, que precisei me sentar para não cair. O tiroteio durou uns cinco minutos mas, parecia uns dois anos. Orquestradamente, pararam os tiros e imediatamente as luzes foram acesas. A sala cheia de gente, todos apavorados e amarelos de medo. Alguns estavam verdes. Depois que tudo se acalmou, as pessoas que não eram da família foram saindo. Fechamos as portas e fomos deitar, porque, para dormir, demorou. Nesses acontecimentos, o interessante é a resenha no outro dia.

- Tu viste o desmantelo de ontem? O que encontraram de sapato alto abandonado no meio da rua, não está no gibi. Na ladeira de Zeca de Japiaçu, repleta de objetos, encontraram até uma dentadura e uma bolsa cheia de "bobs" de cabelo!

- E apois. Dizem que ainda tem gente correndo.

Naquele tempo dominava uma moda de saia justa. Na hora do aperto, conta-se que as mulheres, que estavam usando esse tipo de saia, não tiveram dúvida. Rasgaram a saia de cima a baixo e "pernas pra que te quero". Cupira era uma cidade pacata, mas de vez em quando tinha dessas coisas.

1964

A noticia do golpe civil-militar de 1964 chegou em Cupira para poucos. Somente aquelas pessoas mais esclarecidas e que tinham rádio em casa, que eram poucas, é que ficaram sabendo. Muitos de forma distorcida, outros nem sabiam o que era. Lá em casa tinha um rádio Philips grande, dotado de um "olho" no canto direito da parte frontal. Era uma luz verde que me fascinava e que demorava um tempo para acender, depois que o rádio era ligado. Sempre que o rádio ia ser ligado, eu estava lá para ver. Todo dia às dezenove horas, meu pai ligava esse rádio para ouvir a Voz do Brasil, programa de notícias do governo. Acompanhava, mas não conversava nada a respeito com a gente. O golpe aconteceu no dia primeiro de abril, mas a imprensa golpista anunciou o dia 31 de março, porque o dia primeiro de abril é o dia da mentira. Por isso o fatídico dia 31 de março de 1964 foi escolhido para ser o marco da implantação do regime de terror que se abateu sobre nosso país.

Dias depois do golpe, papai precisou fazer uma limpeza na fossa, a qual a gente chamava de "aparelho". Contratou seu Peba e Zé Lipurdino, que eram as pessoas especializadas nesse tipo de serviço em Cupira.

- Seu Dedé, o senhor já viu a confusão que está no Rio de Janeiro? Eles deram o golpe e a gente agora está numa tal de "dentadura". Dizem que a "dentadura" é um regime de força, onde os militares mandam e qualquer pessoa, que falar mal do regime, é preso, torturado e pode até ser assassinado. O senhor sabe o que é isso? Os militares tomaram conta do poder. Eles estavam com medo dos "cumunada", como dizia seu Avelino.

- Os "cumunada" são os comunistas, né seu Peba?

- É. Mas que comunista que nada, seu Dedé! João Goulart queria apenas fazer as reformas que beneficiavam os pobres e eles disseram que isso é comunismo. E isso eles usaram para impedir o homem de assumir a presidência. Eu ouvi dizer que os americanos derramaram dinheiro e até mandaram uma esquadra de navios que estava na costa brasileira, só esperando algum movimento contrário ao golpe, para entrar em ação.

- É mesmo, seu Peba?

- E apois!

Foi presenciando essa conversa que ouvi pela primeira vez a notícia do golpe militar de 64. A concretização da ditadura se deu quando um caminhão de exército, que nunca se tinha visto em Cupira, parou no alto da Rua Chico Dandu. Estacionou bem na frente da casa de Dona Angélica, mãe de seu Dino, e dele, saiu um dos soldados, na carreira ladeira abaixo, entrando na venda de seu Amaro Minga. Lá entrou e dizem que comprou cigarros.

- O que eles vieram fazer aqui?

Perguntavam.

- E eu sei?

Diziam outros. A falta de informação era total, como na maioria das cidades brasileiras. Apesar dessa alienação coletiva, no campo da cultura havia uma heroica resistência. Ela era maior no campo da música e do teatro. Em 1966, a música Disparada, de Geraldo Vandré e Théo de Barros, venceu o Festival Internacional da Canção. Apaixonei-me pelas músicas de Geraldo Vandré. Tinham letras e melodias de uma força extraordinária para quem as interpretava. Minhas primeiras tristezas e preocupações em relação ao novo regime aconteceram quando soube que Geraldo Vandré havia sido preso e torturado. Foi aí que compreendi que a ditadura era uma coisa ruim e, à medida que os fatos foram acontecendo, se tornou algo parecido com um filme de terror. Com a radicalização aumentando, começaram a aparecer denuncias de mais prisões, torturas e de muitos assassinatos. A minha angústia foi ainda maior, quando prenderam seu Raimundo e Manoel Branco. Ninguém entendeu o porquê da prisão de seu Raimundo, pois era uma pessoa boa, muito inteligente e comunicativa. Era funcionário do Deneru (Departamento Nacional de Endemias Rurais), conhecido como "guarda da higiene". Em conversa recente com seu filho, meu prezado amigo, Uzias, soube finalmente a razão não justificada da prisão de seu Raimundo. Segundo Uzias, seu Raimundo foi preso pelo seu histórico de democrata ferrenho. Havia sido preso em Salvador na década de 30, numa manifestação contra a ditadura Vargas. Como funcionário do Deneru, trabalhou em Bom Jardim, depois em Lagoa do Ouro, de onde foi transferido para a vila Cupira. Foi um dos artífices da transformação da vila de Cupira em município. Essa atuação política juntamente com a inteligência e o gosto pela leitura, fizeram com que seu Raimundo fosse considerado uma pessoa perigosa para os ditadores do golpe de 1964. Para prendê-lo, chegaram em um "jipe" do exército.

- O senhor está preso.

- Parabéns pra vocês. A primeira vez que fui preso, foi numa manifestação contra a ditadura Vargas em Salvador. Lá me encontraram. Achar-me em Salvador, tudo bem. Mas, me encontrar em Cupira, esse fim de mundo? Merecem os parabéns, realmente!

Levaram seu Raimundo, que ficou preso por 10 dias. Interrogado por um general evangélico como ele, foi liberado e voltou para Cupira, a terra que adorava.

No entanto, Manoel Branco, foi preso por ser presidente do sindicato dos trabalhadores rurais de Cupira. Um cargo burocrático (pelo menos em Cupira), que Manoel Branco exercia estritamente dentro da lei. Percebi que estávamos todos dominados e, pelo fato de não podermos denunciar, amordaçados. Por isso devemos estar sempre atentos.

"Ditadura nunca mais!"

O avião de Paulo Bastos

Alguma coisa estranha estava para acontecer na fazenda do major Bastos. Trabalhadores estavam limpando e aplainando uma grande área na frente da casa grande.

- Será que vão fazer uma lavoura na frente da casa?

- Não, bicho besta! Me disseram que é Paulo Bastos, filho do major e Dona Honorinha, que vem visitar os pais e vem de avião. Ele não é aviador!?

- Vige Maria! E é?

- E apois! Ele vem quinta-feira! Eu nunca vi um avião de perto.

- Nem eu!

Alvoroço total na cidade. A população cupirense nunca tinha visto um avião pousando. A meninada não ia perder essa oportunidade. Na quinta-feira cerca de três horas da tarde, ouve-se um ronco estrondoso do avião teco-teco se aproximando da cidade. Uma ruma de meninos se juntou, vindo de todos os lados, encontrando-se na bifurcação da Rua do Toco com a Rua da Corrente. Tomaram a Rua da Corrente em disparada, rumo à fazenda do major Bastos. Chegaram antes que o avião pousasse. Ficaram na beira da pista de terra batida, recém-construída, abismados com aquele "pássaro de ferro" dando voltas na preparação para aterrissar. Veio baixando sem bater as asas, como um urubu quando quer pousar. Passou na frente da casa, pegou a cabeça da pista e, suavemente, pousou. Quando parou, os meninos correram para perto do avião e ficaram observando. Os pais do aviador não apareceram. Com certeza estavam esperando dentro de casa. Desceram duas pessoas. Paulo Bastos e um senhor, que parecia ser algum empregado dele ou do pai. Depois, foram chegando os adultos da cidade, formando um grande amontoado de gente em torno do avião, admirados com a possibilidade daquele bicho poder voar. Foi um dos eventos mais extraordinários ocorridos em Cupira na década de 1960. Marcou muito a memória das crianças daquela época. Completara onze anos, quando Paulo Bastos visitou Cupira. Avistei-o andando pela cidade. Não me pareceu uma pessoa simpática. Fiquei com aquela imagem não muito agradável de Paulo Bastos. Talvez pelo fato de, já naquela época, ter uma certa aversão a pessoas poderosas e o major bastos era uma delas. Tempos depois, soube que Paulo Bastos havia publicado um livro. Não me interessei. Por que iria ler o livro de um filho do major Bastos? Na certa seria um tratado sobre suas acrobacias como aviador e de como sua família de "coronéis" era tão importante e boa para seus empregados, que na sua origem, eram escravizados. Que major Bastos mandava e desmandava em Cupira. Ledo engano. Em uma visita à Pedra da Lua, na Serra do Bode em Sambaquim, conheci um jovem professor de história, Adilson Luiz Guilhermino de Lima, que, conversando enquanto andávamos na trilha, me alertou que o livro Salvo Conduto, de Paulo Bastos, falava sobre sua resistência ao golpe militar de 1964. Fiquei curiosíssimo e pedi emprestado o livro, o que o companheiro Adilson prontamente me emprestou. Devorei o livro de uma tacada só. Depois comprei todos os livros publicados por Paulo Bastos, mesmo sabendo que estão na internet em pdf. Ler no livro físico é muito mais gostoso. Além do Salvo Conduto, foram publicados Tauã e A Caixa-Preta do Golpe de 64.

Paulo de Mello Bastos nasceu em 1918, no engenho Roçadinho, município de São José de Lage em Alagoas. Estudou no colégio Americano Batista do Recife, Diocesano de Maceió e no colégio Quinze de Novembro de Garanhuns. Queria ser aviador. Foi para o Rio de Janeiro, onde entrou na Força Aérea brasileira, chegando ao posto de Capitão-Aviador, onde depois foi promovido a Tenente-Coronel. Pediu exoneração e foi para aviação civil, tendo sido comandante da Varig. Foi na aviação civil, que, em 1961, se tornou liderança do Sindicato Nacional dos Pilotos e, posteriormente, em 1962, vice-presidente do Comando Geral dos Trabalhadores (CGT). Nesse mesmo ano, foi demitido ilegalmente da Varig por ser dirigente sindical. Por causa de sua demissão, iniciou-se uma greve geral com rodoviários, aeronautas, navios petroleiros e outros, que ficou conhecida como "greve Mello Bastos". Resistiu ao golpe militar de 1964 e, perseguido, teve que se exilar no Uruguai junto com João Goulart, Darcy Ribeiro, Waldir Pires e outras figuras políticas importantes e igualmente perseguidas. Voltou para o Brasil em 1967 como ex-exilado, mas continuou a ser perseguido, somente sendo anistiado em 1980. Paulo de Mello Bastos foi um dos grandes brasileiros que resistiram bravamente ao golpe de 1964. Apesar de não ter nascido em Cupira, faz parte da sua história. Não se pode negar aos cupirenses o conhecimento do exemplo deste grande brasileiro. Ao ler com respeito e admiração seus livros surpreendentes, prometi a mim mesmo que um dia iria contar sua história, mesmo que resumida, para me redimir da injustiça que cometi em relação à sua pessoa. O grande brasileiro Paulo de Mello Bastos faleceu no Rio de Janeiro, em 2019, aos 101 anos.

Donias

Filho de João Fausto e de Dona Celeste, Adonias também era irmão de Clóvis, o dono do Esporte Clube de Cupira e do bar mais rubro-negro da cidade. Sem muita opção de trabalho, Donias labutava carregando água da cacimba de seu Argemiro em um jumentinho, que tratava com o maior carinho e cuidado. O jumentinho equipado com uma cangalha e quatro cambitos, nos quais eram penduradas quatro ancoretas d'agua, era baixeirinho e rápido. Abastecia o bar do irmão, a sua casa, que era a de seus pais, pois morava com eles. No tempo restante, abastecia algumas casas em troca de algum dinheiro. Aprendeu a fumar, como a maioria dos jovens daquela época, e já estava na idade de namorar. Precisava de dinheiro para fazer face a essas duas demandas. Para complementar sua renda, toda vez que seu Severino Camarão ia passar filme, Donias dava uma forcinha e ganhava alguns trocados nessa lúdica atividade. Assim foi levando a vida. Um dia, ouvindo o ensaio da banda musical da cidade, falou com Zé do Tuba, que gostaria de tocar surdo, pois tinha um bom senso rítmico. Zé do Tuba prontamente lhe deu o surdo e a baqueta, fazendo um rápido teste, no qual foi rapidamente aprovado. Agora fazia parte da banda. Não ganhava nada, mas estava fazendo uma coisa que gostava bastante de fazer.

No carnaval de 1975, os irmãos Miro e Zeca do Mestre, que eram músicos da aeronáutica, em Maceió, resolveram formar uma orquestra de frevo, para tocar o carnaval no clube dos militares de lá. Já havíamos tocado com eles num "grito" de carnaval em Cupira e nos damos muito bem. Então fomos convocados: Juarez e Djalma, irmãos de Zeca e Miro, Zé do Tuba, Zezinho Pitoco, Geraldo Pintor, Donias e eu. Ensaiamos e fomos para Maceió vendidos pelos irmãos Zeca e Miro, como uma orquestra de sucesso, da Bahia. Quase todos baianos, cupirenses da gema. Nos hospedamos no Estádio Rei Pelé. Foi a glória. No dia do baile de carnaval, jantamos e fomos para o clube. A festa seria em um enorme salão quadrado, contendo apenas uma porta, a de entrada, que também era a de saída. Seria o carnaval dos militares, todos juntos. Exercito, Aeronáutica e Marinha.

- Isso não vai dar certo.

Segredou-me Donias, depois de uma tragada no seu cigarro preferido, Continental.

- Já pensaste uma briga aqui, sem a gente ter por onde sair? Vai dar merda mesmo!

Disse eu, baixinho também. Não deu outra. Depois de meia hora tocando, aconteceu a primeira briga, de um cabo da aeronáutica com um sargento do exercito. O medo era que eles estivessem armados. Não sabíamos que era proibido entrar com armas. Um tiro ali e morreria gente. O fato é que, de vez em quando, o cacete comia.

- Se a gente sair vivo daqui está muito bom.

Disse Donias, gritando para que eu ouvisse no meio do frevo Lágrimas de um Fulião de Levino Ferreira. Finalmente, amanheceu o dia e em seguida voltamos para casa, sãos e salvos.

Ao retomar sua rotina de carregar água com o seu jumentinho, Donias soube da contratação de pessoal para trabalhar no abatedouro Mafisa em Belo Jardim. Não teve dúvida. Precisava desse emprego, mesmo sabendo que além de bois, lá eram abatidos jumentos e cavalos, que eram exportados para o Japão. Não se adaptou.

- É a coisa mais triste do mundo. Me lembrava do meu jumentinho e trabalhava chorando. Não me continha. É muito pesado ver os bichinhos marchando para a "guilhotina". Não aguentei. Pedi minhas contas e vim embora.

Certas atividades cruéis não são adequadas para pessoas sensíveis e boas como Donias. Principalmente aquelas que envolvem seres vivos, com os quais o ser humano tem alguma relação de afetividade.

Torropita

A incidência de crimes contra o patrimônio em Cupira das décadas de 60 e 70, era muito baixa. Poucos delinquentes militantes tiveram a coragem de aparecer na cidade, uma vez que a cidade era muito pequena e não tinha muitos atrativos econômicos ou seja, riquezas para serem subtraídas. Mas tínhamos uma cria da casa, Torropita. Não se pode dizer que Torropita era um ladrão. Parecia mais um cleptomaníaco em crise, do que qualquer outra coisa. Irmão de seu Tica, o maior tocador de tarol da banda de música da cidade, Torropita cresceu junto com a geração de um pouco mais de idade do que a minha. Talvez uns cinco anos na minha frente. Era amigo dos seus contemporâneos. Portador de "lábio leporino", que o deixou fanhoso, Torropita era engraçado e simpático. Na adolescência, era forte e comprido, tendo seu rosto um aspecto arredondado, classificado como "xambouqueiro". Não era violento, mas era muito astucioso. Era capaz de qualquer manobra para atingir o objetivo cleptomaníaco de fazer pequenos furtos. Era tão inserido na comunidade cupirense, que em algumas casas tinha acesso livre. Podia entrar ou sair na hora que quisesse. Em outras, esse acesso era vigiado. Uma vez, encontraram Torropita escondido dentro de um cesto de roupa suja na casa de Dona Helena de seu Severiano. Outro dia, foi lá em casa.

De madrugada, minha mãe acordou meu pai assustada, dizendo que estava ouvindo o destelhar da casa. Meu pai sentou-se
ligeiramente na cama e, sentado, arrastando os chinelos, amea-
çou:

- Peraí, que vou pegar o revolver!

Só se ouviu a carreira telhado abaixo do que se supõe ter sido
Torropita. Na verdade, o velho tinha um 38 guardado no cofre
de ferro, cujo segredo ele sabia de cor, mas demorava uma
meia hora toda vez que queria abri-lo. Foi a única vez que su-
postamente Torropita nos visitou. Meu sentimento em relação
a Torropita era um misto de medo e admiração. Não entendia
porque uma pessoa tão simpática e conhecida era capaz de ta-
manha astúcia, ao ponto de meter medo em todo mundo. Rou-
bava apenas pequenas coisas. Nunca ouvi falar que Torropita
tivesse feito furto maior ou usasse de violência para praticar
suas delinquências cleptomaníacas. Aos poucos, Torropita foi
saindo de cena, migrando para Caruaru. Com o tempo, ficou de
vez por lá e nunca mais se ouviu falar dele.

Estrela D'alva

Ô estrela dave olha a luz do dia
Ô estrela dave olhe a luz do sol
Ô estrela dave não me deixe sem um guia
Ô estrela dave não me deixe eu só

Vambora!!!

Era o grande Estrela Dave apontando na ladeira de Chico Dandu, vindo de Serrote Liso, para vender frutas e verduras. Com um balaio na cabeça, Estrela Dave fazia o maior "salseiro" para chamar a atenção dos possíveis compradores. Cantava, dançava, contava histórias e imitava vários animais. O que fazia o maior sucesso era a imitação de um jumento rinchando.

- Estrela Dave, imita o jumento!

- O jumento é bicho "escandeloso". Só imito fora da cidade.

Era uma perfeição. Era um jumento escritinho.

Estrela Dave vinha de manhã, passava o dia na cidade e, à tardinha, subia a ladeira da Rua Chico Dandu na maior alegria, acompanhado de um bocado de meninos. É que na saída da cidade ele se despedia imitando o jumento. Sumia na estrada, mas se ouvia seu relincho esmaecer até ficar inaudível. Agora só na próxima semana.

Ô estrela dave olha a luz do dia
Ô estrela dave olhe a luz do sol
Ô estrela dave não me deixe sem um guia
Ô estrela dave não me deixe eu só

Vambora!!!

As "pulutricas"

Onildo de Barros Correia, o grande Zé Tabaquinho, foi meu mentor intelectual durante toda a minha adolescência. Nunca entendi o porquê do apelido. Somente mamãe sabia, pois antes que alguém botasse apelido no povo lá de casa, ela mesma colocava. Tudo para botar a pessoa para cima. Tatonha, que já era uma corruptela de Antônio, tinha a alcunha de "olho de c... de papagaio", pelo fato de que, quando estava nervoso, ficava todo tempo puxando as pestanas do olho direito. Eu chorava muito e tinha a boca muito grande. Recebi o apelido de Jaraguá.

- Abra a boca, meu Jaraguá.

Cantava carinhosamente e eu caia no choro. Meu irmão mais velho José Arnaldo (Deda), tinha o apelido de "sapa buchuda" por ter a "barriga quebrada". Era tudo apelido cuidadosamente escolhido para elevar a autoestima do cidadão. No entanto, esses apelidos não deixaram sequelas aparentes. Apenas nos deixaram a consciência e a sensação de que não somos melhores do que ninguém. Quando alguém estava sentindo-se as "pregas de Odete", era puxado pra baixo, como os caranguejos de Ascenso Ferreira. Só as meninas escaparam dos codinomes engrandecedores.

Como ia dizendo, Tabaquinho foi meu norte, em grande parte da minha vida. Além disso, era meu Sherlock Holmes e eu era sempre o seu caro Watson. Todas as aventuras científicas, mágicas e provocações de medo em alguém, o caro Watson era convidado a ser cúmplice. Senão, vejamos. Nossas irmãs mais novas tinham um jogo de panelas e pratos de brinquedo, com o qual, elas brincavam preparando uma comidinhas, simulando comemorações. Era um tal de "cozinhado". Em um desses "cozinhados", coincidiu que a gente estava fazendo umas experiências sobre eletricidade. Com uma lâmpada de lanterna, colocava-se um fino fio no polo negativo de uma pilha, que a gente chamava de "elemento" e fechava o circuito com a outra ponta do fio amarrada à lâmpada, colocada em contato com o polo positivo. A lâmpada acendia,

- Vamos fazer a iluminação da festa.

- Vamos. Como?

- A gente pega várias lâmpadas, amarra elas em série e faz a ligação com quatro "elementos".

- Arretado. Bora!

Disse eu.

- Meninas, viemos fazer a iluminação da festa.

As meninas, meio desconfiadas, terminaram aceitando a grande ideia. Fizemos a instalação. Ficou bonita demais. A festa, que foi na garagem relativamente escura, ficou muito iluminada. De longe parecia uma cidadezinha cheia de luz. Luzes sempre fascinam crianças. Ficamos um bom tempo observando

166

aquela lindeza. Depois as meninas precisaram sair para buscar mais enfeites para a adicionar à festa. Aproveitamos, comemos todo o "cozinhado" e corremos. Sacanagem, pois foi a maior confusão e a festa acabou.

Tabaquinho era uma pessoa muito criativa e arrojada. Fazia muitas experiências, desde a constatação da eletrólise da água, até tirar o motor de um carrinho elétrico que eu tinha, para fazer uma casa de farinha. Construiu, com o motorzinho, a miniatura de uma casa de farinha motorizada, quando naquela época, a casa de farinha real, era puxada por uma pessoa, rodando uma manivela acoplada a uma imensa e pesada roda de madeira. Essa roda acionava o "caititu", que era usado para ralar a mandioca. Fez ainda um cineminha em casa, usando uma caixa de sapato e uma lâmpada queimada, cheia de álcool. Deu um pequeno corte retangular na parte frontal da caixa de sapato, colocou um quadro de fita de um filme conseguido com seu Severino Camarão e projetou na parede branca. No quarto escuro, a luz para a projeção era conseguida através de uma fresta da telha quebrada, que deixava um raio de sol entrar. Com um espelho, esse raio de luz era direcionado para a fita de filme, que era projetada e ampliada pela lente de aumento, a lâmpada cheia de álcool, posta na frente da fita. Além disso, tinha também as "pulutricas", denominação particular para mágica, denominação essa, criada por ele. A "pulutrica" que fazia mais sucesso era aquela do "adivinha mano". O mágico adivinharia o objeto tocado por uma pessoa da plateia, sem vê-la tocando. Tudo era combinado com o auxiliar, que era o "caro Watson" aqui. Vamos dizer que uma pessoa da plateia pegasse na cuscuzeira pendurada na "bateria" da cozinha. Eu dizia:

- Adivinha mano que eu peguei na caçarola.

Ele dizia:

- Não.

- Advinha mano que eu peguei no bule.

- Não

- Advinha mano que eu peguei no papeiro.

- Não.

- Advinha que eu peguei na cuscuzeira.

- Sim.

A simples remoção da palavra "mano", identificava o objeto tocado. Isso fazia o maior sucesso com as amigas da nossa mãe, para quem nos exibíamos.

- Ô Minéi (simplificação de Minervina), eu acho que esse teu menino tem parte com o demônio. Como é que ele adivinha isso?

Dizia dona Maria Barriloca, mãe de Valdemar.

Uma outra "pulutrica", era dar susto nas pessoas.

- Bora fazer medo a Josa?

- Bora!

Josa é nosso primo por parte de mãe, que morava com a gente desde os seus 12 anos. Cobrimo-nos com lençóis à noite e fomos esperar Josa, que entrava na casa pela porta da garagem escura. Já entrei na garagem com medo. Ficamos ali esperando. Com a aproximação dos passos, a tensão foi aumentando. Parou, demorou um pouquinho e abriu a porta. Quando ele entrou, aquele vulto me deu um arrepio tão intenso, que não tive como me controlar. Dei um grito estarrecedor, o que foi acompanhado pelos outros dois. Saí na carreira. Depois do susto coletivo, quase apanhei, por ter estragado a "pulutrica". Dessa vez o auxiliar "farrapou". O feitiço virou contra o feiticeiro, vítima e o auxiliar.

Além dessas atividades, digamos lúdicas, meu irmão me incentivava, indicando livros interessantes. Li vários livros de Júlio Verne, nos quais viajei ao centro da Terra, passando por enormes cristais de quartzo hialinos e esfumaçados. Naveguei 20.000 léguas submarinas e dei uma volta ao mundo em 80 dias. No livro "100 Músicos Famosos", conheci a vida e a obra de Mozart, Beetowen, Bach, Tchaikovsky e outros. Dos eruditos brasileiros, conheci Heitor Vila-Lobos, Carlos Gomes e o padre José Mauricio Nunes Garcia, descendente de escravizados, um dos maiores músicos eruditos do Brasil. Sem contar com os músicos populares, como Caymmi, Joubert de Carvalho, Perez Prado, Bienvenido Granda, Jacob do Bandolim, Dilermando Reis, Índios Tabajaras e outros. No campo da física, Tabaquinho me mostrou um livro lindo, que é o famoso Blackwood (Física na Escola Secundária). Esse livro importantíssimo, além de conter os principais fundamentos da física, tem também a biografia dos cientistas, com suas respectivas descobertas. Muitas coisas me marcaram na convivência com esse irmão mais próximo. Era tudo muito estimulante, mas essa, em particular, nunca saiu da minha cabeça. O nosso segredo! O nosso segredo era um "cobogó" em formato de estrela, enterrado em um buraco, por trás da "cocheira" no terreno do meu avô. O pequeno monólito de cimento escondido, somente nós dois sabíamos da sua existência. Ninguém mais poderia saber. Lembro bem, que, em uma noite escura de verão, fomos à "cocheira" tiramos o "cobogó" do buraco, colocamolo em pé e deitamos do lado dele. O céu estava todo estrelado e limpo. Meu irmão falou das constelações, nomeando-as e da quantidade imensa de estrelas que cada uma deveria ter. Disse também que muitas das estrelas que a gente estava vendo talvez não existissem mais. O que a gente estava vendo era só a luz delas viajando em nossa direção. Foi aí que ouvi pela primeira vez a expressão "anos luz". Ouvi tudo aquilo arrepiado de emoção. Era de arrepiar mesmo. Tudo era muito mágico. Todas essas maravilhas, devo à convivência com meu irmão Onildo, o grande Zé Tabaquinho.

A paixão de Cristo

As melhores manifestações artísticas apresentadas em Cupira, na década de 60 e 70, foram sem dúvida as atividades circenses. A presença de pequenos circos na cidade era constante e muito esperada. O espetáculo consistia de duas partes. Na primeira, apresentavam-se palhaços, equilibristas, contorcionistas e trapezistas. A segunda parte acontecia no palco, onde se alternavam apresentações musicais e "dramas". No dia das apresentações musicais, eram os cantores do circo e da própria cidade, que se exibiam. Só não podia faltar a imprescindível e esperada "rumbeira". Geralmente, a "rumbeira" era uma moça bonita, com uma sainha bem curtinha, que cantava e dançava, na maioria das vezes, uma rumba ligeira. Quando era "drama", dependendo da necessidade, o elenco era formado por todos os artistas do picadeiro e, muitas vezes, até o dono do circo entrava como ator. Em geral, a peça era mal encenada, pela falta de ensaio e porque os atores não tinham as falas decoradas. Precisavam do "ponto". Normalmente, o "ponto" era uma pessoa baixinha que tinha a peça escrita em mãos, para ler e soprar as falas dos personagens para os atores. Tinha que ser baixinho, para ficar escondido dentro de um pequeno caixão camuflado na frente do palco. Um dos "dramas" que fazia muito sucesso era Sansão e Dalila. Quando o ator não tinha a fala na ponta da língua, aconteciam lances engraçados.

- Saiba que as suas forças vêm dos seus cabelos.

Disse Dalila. Sansão, que esqueceu sua fala, levanta o queixo para o lado onde está o "ponto" e fala baixinho:

- O que é que eu digo?

- Está certo, Dalila.

Disse o "ponto", já irritado com Sansão, que não estudou a peça e constantemente o colocava para trabalhar.

- O que?

Pergunta Sansão erguendo o queixo para o lado do "ponto".

- Miserável, diz "está certo Dalila".

Falou, quase gritando o "ponto".

- Miserável é você. Tá certo Dalila.

Retruca Sansão, já estressado também, fazendo gesto de quem vai partir pra cima.

Na maioria das vezes quando tinha peça teatral, era assim. Era mais interessante observar essa "pendenga" entre o ponto e os atores, do que a própria peça.

Chegou a sexta-feira santa. Normalmente o circo para ou encena a paixão de Cristo. Nesse dia o circo optou por apresentar a peça religiosa. Ivanildo, o talentoso trapezista, faria o Cristo. Os soldados romanos, torturadores de Cristo, seriam o palhaço Estrovenga e o irmão mais novo de Ivanildo, aspirante a trapezista. Ivanildo era um baixinho entroncado de olhos verdes, de pele morena e cabelo longo, parecendo o próprio Cristo visto nas pinturas, mas baixinho. Estrovenga, por outro lado, era alto, forte e desprovido de beleza. O irmão de Ivanildo era parecido com ele, sendo uns cinco anos mais novo e de cabelo curto. Ivanildo e Estrovenga eram amigos, mas antes da encenação tiveram uma desavença, por causa da rumbeira recém-contratada, na qual os dois estavam de olho.

- É melhor você não dar em cima dela. Vai se ver comigo.

- Oxe! E ela é tua? Baixinho invocado, comigo é na porrada.

A coisa esquentou e quase que os dois se agarram na tapa. Pouco antes da encenação, Estrovenga ainda tomou umas três "lapadas" de cachaça na venda de Antônio Pau Dentro, ficando, assim, ainda muito mais afoito.

Plateia cheia, começa o espetáculo exatamente às 8:30 da noite, desta vez no picadeiro, preparado com as quatorze estações do martírio de Cristo.

- Eu lavo as mãos.

Disse Pôncio Pilatos. Estrovenga tira a roupa de Jesus deixando-o só com uma espécie de bermuda, cobre-o com um manto vermelho e baixa o cacete.

- Rapaz, não faz isso! Bate devagar!

Disse baixinho, Ivanildo.

- Devagar, o que? Você não é o Cristo? Tem que apanhar calado. Um caba safado e metido como você, devia ser proibido de fazer o Jesus, que era um homem bom. Toma agora a cruz e fica calado.

Baixou o cacete de novo! Não chegaram na terceira estação. Jesus jogou a cruz para um lado, pegou o soldado Estrovenga pelo pescoço, derrubou-o no chão, subiu em cima e juntou-o na munhecada. Ainda em cima de Estrovenga, Jesus irado, agarrou-o no pescoço e começou a apertar. Nisso, chega o pelotão da policia local com o cabo Mané da Combréia liderando a tropa, composta por dois homens; ele e um soldado baixinho e magrinho, chamado Amostra Grátis. O honroso pelotão da policia militar adentrou o picadeiro, tirou Jesus de cima de Estrovenga e botou ordem no recinto. Porém, com muito trabalho, pois Jesus estava possesso e ainda deu um murro no olho de Amostra Grátis, que caiu no colo de Pedro Sucena, sentado numa cadeira bem próxima. O soldado romano Estrovenga foi retirado de cena, o pai de Ivanildo assumiu o seu posto e a peça continuou. Tudo terminou em paz, já que os agora torturadores de Jesus era sua própria família. Essa história deve ter acontecido em vários lugares do Nordeste, pois já ouvi várias versões dela, em lugares diferentes. Tem até uma poesia de cordel do grande Chico Pedrosa retratando com muito humor, esse hilário acontecimento. A de Cupira foi desse jeito que contei.

174

Seu Vicente Pistolinha

No começo da década de 1960, Cupira ainda não tinha luz de Paulo Afonso, designação corrente para caracterizar a fornecedora da energia elétrica em Pernambuco. Só nas cidades grandes como Caruaru, Garanhuns e Palmares, tinha essas maravilhas contínuas, isto é, a luz não apagava nunca. O que iluminava a cidade, mesmo assim das 18 às 22 horas, era um grupo gerador a diesel, instalado no sopé da ladeira que dava acesso ao açude da cidade. Seu Vicente era o responsável pela manutenção e por cumprir o horário de funcionamento do "motor", como era assim designado.

- A luz daqui é do "motor". Não é de Paulo Afonso. E seu Vicente do "motor" é quem manda na parafernália toda.

Diziam as pessoas. O bicho só funcionava à noite, mas seu Vicente passava o dia inteiro lá. Claro que ao meio dia, ia almoçar, mas voltava em seguida para ficar "futucando" no motor. Certo dia, numa manobra de manutenção, a corrente do dínamo comeu um pedaço do dedo "maior de todos" da mão direita de seu Vicente. Foi um Deus nos acuda. Correu imediatamente para a farmácia de Cavalcanti, segurando a mão direita, toda ensanguentada. Cavalcanti não conseguiu aproveitar o pedaço do dedo de seu Vicente. Acho que nem pensou nisso. Depois de retirado o curativo, com o dedo já cicatrizado, os dois dedos, o indicador e o maior de todos, ficaram iguaizinhos no tamanho. Não deu outra. Seu Vicente passou de "seu Vicente do motor", para "seu Vicente Pistolinha". O povo não perdoa! Alguns até o chamavam de seu Vicente Bala "U", referindo-se a um pequeno revolver de duas balas, que algumas pessoas usavam na época.

Mané Pampola

Mane Pampola era casado com Lourdes Totô, filha do clã dos Totô, politicamente importante na cidade. Mais jovem, mais forte e mais alta, Lourdes era também muito valente e agitada. Já Mané Pampola, era calmo, tranquilo e um excelente caminhoneiro. Porém, quando não estava viajando a trabalho, bebia demais. Isso deixava Lourdes extremamente irritada. Não era rara a cena onde Mané Pampola era abordado no bar pela sua esposa, sendo arrancado de lá pelo colarinho da camisa e levado para casa aos tombos e empurrões. Um dia, estava Lourdes varrendo a calçada de sua casa, quando chega Mané Pampola escondendo-se por trás de um poste da rede elétrica, que tinha na frente da sua residência. Bêbado e com medo que ela o visse, devagarinho, já ia conseguindo entrar, quando Valdemar de Maria Barriloca ia passando.

- Valdemar, você viu o irresponsável do Mané Pampola por aí?

- Olha ele aí!

Mané Panpola se esgueirou corredor adentro, com Lourdes em seu encalço, de cabo de vassoura na mão. Em um "pitu" extraordinário, conseguiu driblar Lourdes dentro do corredor estreito, sem levar nenhuma vassourada e, mais que rapidamente, subiu no poste, ficando perigosamente próximo da fiação. Lá de cima, ficou "mangando" e "fazendo pouco" de Lourdes, que estava a ponto de ter um enfarto. Em baixo, "cutucando-o" com o cabo de vassoura, ela dizia tudo o quanto era de impropérios. Diante dos insultos, Mané Pampola fazia "mungangas" e ria muito. Em um momento de lucidez, no entanto, Mané Pampola resolve ser amável com Lourdes e tenta acalmá-la. Tira um chiclete do bolso esquerdo da camisa e oferece:

- Tu quéis um chiquéite?

- Chiquéite o que, homem safado!? Desça daí, pra você ver! Seu filho dessa e daquela outra!

Mulher braba da gota!

Zé Pé de Pato

- Ói o Sol, ói o Sol, ói o Sol!

Esfregando as mãos e olhando para sol em relances, porque o sol incomodava, Zé Pé de Pato se apresentava assim quando ia chegando perto de uma rodinha de amigos. Era meio desprovido do juízo, dito normal, mas tinha muitas habilidades ao tocar triângulo. Era um "triangueiro" de muita "responsa". O toque do seu triângulo era diferente. Ele tocava em cima de uma tábua. Fazia repiques intermitentes, com o triângulo batendo na tábua, de modo que dava uma beleza rítmica incomparável. Pelo fato de Zé Pé de Pato não pensar muito no que fazia, apenas executava, o pessoal se aproveitada e dava tarefas, às vezes perigosas, às vezes inconvenientes, às vezes, as duas coisas, para ele cumprir.

A cidade estava em festa porque era época de eleição e teria um comício, no qual o governador do estado estaria presente. Quando isso acontecia, a estratégia era convocar um político nativo, o mais babão que tivesse, para fazer a saudação panegírica. Escalaram um velho conhecido vereador, fluente no português bem falado e mestre na arte da bajulação. O cenário era o de sempre em comícios no interior do nordeste. Palanque construído com tabuas em cima de quatro tambores de 200 litros, em baixo do qual, ficava um vão livre para acomodar quem quisesse ou necessitasse ficar acocorado. O comício iniciou normalmente, sem que ninguém soubesse do que estava para acontecer. Na preparação para o importante evento, os opositores resolveram fazer uma surpresinha muito simpática e pertinente, a eventos dessa natureza. Convocaram Zé Pé de Pato, para atrapalhar o discurso do eminente vereador. Foi então que se deu a saudação panegírica no mais alto estilo cultural da região.

- Povo de Cupira! Tenho a imensa satisfação de saudar o governador do nosso estado, o governador mais querido de todos os tempos.

- Dá o c... a ele!

Disse Zé Pé de Pato na surdina, lá em baixo, no meio dos tambores, acocorado. O microfone nas mãos do vereador era dos bons, de modo que, quem estava por perto ouviu tudo. O vereador e Zé Pé de Pato.

O vereador não se fez de rogado e continuou.

- Este homem foi o governador que trouxe a luz de Paulo Afonso para nossa cidade!

- Dá o c... a ele!

Disse novamente o inocente Zé Pé de Pato. E o vereador, incomodado, inchando de raiva.

- Este amável gestor estadual foi quem mandou trazer água encanada para Cupira.

- Dá o c... a ele!

O vereador não se conteve e, irado, sem tirar o microfone da boca, olhando para baixo através das frestas das tabuas, disse no mesmo tom:

- Como e teu e o dele!

Só em Cupira mesmo!

Convivência religiosa

Três manifestações religiosas faziam parte do complexo sobrenatural de Cupira. A religião católica, os chamados crentes e as de matriz africana. Tinha também um único ateu declarado. Destaco como representante dessas manifestações, respectivamente: Padre Olegário, seu Zé Bidunga, Antônio Caninana e seu Geninho, o ateu.

O padre Olegário, nascido em Recife, chegou em Cupira transferido de Rio Formoso. Capelão do exército no tempo da ditadura era dado a se envolver e glorificar a elite financeira da cidade. Fui coroinha na sua gestão e nunca ouvi uma palavra sincera de apreço ou de compaixão pelos pobres. Ao contrário, sempre exaltou as autoridades. Gostava muito de ser "paparicado" e de receber benesses dos paroquianos. Eu diria que sua gestão foi muito fraca em relação aos preceitos do evangelho. O evangelho interpretado à luz da Teologia da Libertação, movimento de resistência em favor dos pobres, era muito diferente daquele interpretado pelo padre Olegário.

Seu Zé Bidunga, era o que se chamava de "crente". Pertencia à igreja congregacional, cujo prédio ficava na Rua da Sede, comandada pelo pastor Bernardino. Era um agitador cultural e muito influente na prefeitura. A sua atividade religiosa não o impedia que fosse culturalmente agregador e batalhador, principalmente pela banda de música da cidade. Era assíduo na igreja, mas exercia sua religião sem aquela chateação de querer obrigar a pessoa a "aceitar o evangelho" a todo custo.

A religião de matriz africana era exercida por Antônio Caninana, um ajudante de caminhão, que se tornou uma espécie de Pai de Santo da região. Forte e destemido, Caninana depois que perdeu a perna em um acidente de caminhão, surgiu como uma pessoa religiosa de muita força espiritual. Muitos o consideravam uma autoridade no que concerne a assuntos místicos. Minha irmã Fátima conta que, na garagem da sua casa, formou-se um imenso enxame de abelhas e que várias tentativas foram feitas para sua remoção. O enxame crescendo e nada de se conseguir retirá-lo. Certa vez, Antônio Caninana ia passando pela garagem, onde João de Dadão, meu cunhado, estava olhando para o enxame. Entrou e perguntou:

  - O que é isso, João?

  - Esse enxame de abelhas está aqui há mais de um mês e eu não consigo tirá-lo.

  - Quer que eu tire?

  - Oxe! E apois!

Antônio Caninana ajoelhou-se ao pé da parede onde o enxame estava e rezou contrito, concentrado e com muita força. Rezou com tanta intensidade, que na mesma hora as abelhas começaram a sair, uma por uma. A fé e a energia do ser humano pode "mover montanhas". No meu entender a força e energia vêm da própria pessoa, não necessariamente do sobrenatural.

Seu Geninho, era o ateu da cidade. Vivia do seu cartório para casa e da casa para o cartório. Era bem humorado, inteligente e discreto. Na dele, não se importava com religião de ninguém. Não era desses ateus que vivem xingando e dizendo blasfêmias. Era simplesmente na dele. Só se manifestava sobre religião e fé, quando era perguntado. Jogava muito bem xadrez e gamão. Aprendi alguma coisa de xadrez com ele. Eu perdia todas. Um dia, depois de muito tempo apanhando de seu Geninho, ele descuidou-se e dei um "xeque mate" nele. Ele derrubou o rei e disse:

- Pois o homem não é o "cão do segundo livro"?

"O cão do segundo livro" é uma expressão que apareceu depois da publicação de um livro muito conhecido na época, de um autor chamado Felisberto de Carvalho. Queria dizer que a pessoa era muito habilidosa e perspicaz.

- Quero revanche.

Disse seu Geninho. Eu me levantei e disse.

- O senhor acha que eu vou perder a oportunidade de dizer a todo mundo que ganhei pro senhor no xadrez?

Ele riu e aceitou. Nunca mais joguei xadrez com seu Geninho. Sacanagem!

Seu Dedé

José de Barros Correia, seu Dedé, meu pai. Ao contrário de mamãe, era estressado e mau humorado. Talvez pelo senso de responsabilidade de criar uma família numerosa ou pela própria índole de um nordestino rude e meio brabo. Tenho apenas uma lembrança de carinho da parte dele. Depois de ter tomado umas três doses de alcatrão São João da Barra, me pegou, escanchou no pescoço e me carregou arrodeando a mesa de jantar por algum tempo. Por falta de oportunidade, não aprendeu a ler. Assinava o nome desenhando. Quando chegava alguma correspondência, entregava para a gente ler. Quando a gente demorava pelo fato da letra ser confusa, ele dizia:

- Isso é um dinheiro perdido! Como é que gasto tanto e vocês não sabem nem ler um bilhete!?

Dizia, de cara feia e olhos esbugalhados. Mas quando amenizava o mau humor, a gente até conversava. Em uma dessas oportunidades, fizemos a proposta de ensinar-lhe a ler. Ele topou. Na primeira aula, como ele já conhecia as letras, pulamos a carta de abc e fomos logo para a "cartilha". Mais avançada, a "cartilha" tinha a palavra e, logo acima, uma figura representando aquela palavra. Por exemplo, a palavra "banana", logo acima, era acompanhada de uma figura da banana.

- Ba-na-na...banana.

Muito bem, dizíamos.

- Bu-le...bulho.

Já começou a provocar algum riso e em seguida dissemos que o certo seria bule.

- Olhogocelós... pestana.

O desenho que tinha do olho ressaltava as pestanas. Realmente parecia só pestana mesmo. Risada geral. Devido à falta de sensibilidade nossa, não notamos que ele já estava incomodado. Criança é o cão chupando manga. A próxima foi cruel.

- Da-do...bozó

Caímos na gargalhada. Ele se levantou e nunca mais quis aprender a ler. É como dizia Ariano Suassuna: criança é cruel por ser inocente; não sabe o que está fazendo.

Em geral, meu pai tinha o "pavio curto" com seus filhos. Outro dia me incumbiu:

- Vá lá na Farmácia de Juarez e me traga um vidro de óleo de omenda.

Eu, que já queria falar certo, fiquei em dúvida.

- Não é óleo de amêndoa, não?

- Vá comprar o óleo, caba safado!

188

Falou brabo, seu Dedé.

A gente também não prestava. Descobri há pouco tempo que fazíamos "bullying" com o velho e não sabíamos.

- Senta aí. Quero que escreva uma carta para uma pessoa que está me devendo.

Sentamos eu e meu irmão e, perguntei:

- Como é o nome do homem?

- Elóis. O nome do homem é Elóis.

Bastou isso, para darmos uma gargalhada, pois o nome seria "Elói".

O velho ficou chateado, disse que não queria mais merda de carta nenhuma e saiu bufando. Quem escreveu a carta depois, foi mamãe.

De vez em quando, a gente o ajudava no armazém, onde comprava algodão, feijão, café, milho e outras coisas no varejo e depois vendia no atacado. Comprava, por exemplo, feijão e ia juntando no pé da parede. Fazia aquela montanha e depois a gente tinha que ensacar. Um pegava o saco, o outro uma lata e ia ensacando. Quando meu pai estava perto, a gente ensacava numa certa velocidade. Quando ele saia, a velocidade diminuía bastante. Às vezes ele chegava sem a gente esperar e nos pegava conversando ou enchendo o saco devagarinho.

- Isso é um serviço amoroso!

Aí, a gente não ria não. Se risse, a bordoada era certeira. Simplesmente, aumentávamos a velocidade.

Depois que me tornei pai, até que entendi parte do mau humor do meu.

190

O velho Japiassu

Pequenininho, magrinho, aparentando uns 80 anos, Japiassu era o rei da mazurca. Toda véspera de São João tinha o forró oficial e tinha a mazurca do velho Japiassu. O forró oficial era muito concorrido e caro. Somente tinha acesso ao forró, aquelas pessoas que tinham um maior poder aquisitivo. Mulher não pagava, justamente para não faltar damas para as danças. O forró oficial acontecia na "sede", local onde acontecia todo evento cultural da cidade, além das reuniões da câmara de vereadores. Hoje, o prédio tronou-se definitivamente a câmara de vereadores do município de Cupira. Começava o baile com a dança de pares, onde se dançava agarradinho, xote, baião e marchinhas de São João. Depois era organizada uma "quadrilha" com seus "anarriês" e "alavantus", que era muito divertida e com a qual a festa terminava, lá pelas duas horas da madrugada.

A mazurca do velho Japiassu acontecia em um pequeno espaço na Rua Francisco Dandu, bem atrás da nossa casa. A rua toda enfeitada de fogueiras, pois na frente de cada casa havia uma fogueira por pequena que fosse, para festejar o santo querido por todos, pois era o padroeiro da cidade. Não existia naquele tempo, o senso de preservação ambiental, de modo que queimava-se lenha sem problemas de consciência ou medo de punição. Também não tinha o respeito aos animais. Era muita zoada de fogos e tanta fumaça, que os olhos ficavam lacrimejando. Mas era tudo muito bonito. Pois bem. Fogueira na frente do espaço da mazurca, la dentro o velho Japiassu, sozinho começava a tocar o coco no pandeiro e pisar com força no chão, acompanhando a batida do pandeiro. Nisso ia formando-se uma roda de homens batendo com o pé, do mesmo jeito do velho Japiassu e num movimento centrífugo lento, ia rodando dentro do salão. Inicialmente só tinha homens, mas as mulheres iam chegando e aderindo à roda, de modo que aos poucos, cada homem tinha uma mulher dançando ao seu lado. E bate o pé no chão com força, acompanhando o pandeiro, de modo que ia aumentando enormemente a amplitude das ondas sonoras e da roda também.

> Mineiro pau
> Mineiro pau
> Cumê de pobre é "bacaiau"
>
> Mineiro pau
> Mineiro pau
> "Figo alemão" também tem sal
>
> Mineiro pau
> Mineiro pau

E iam improvisando dentro do refrão, que durava a noite toda com muita cachaça e alegria. Dali saiam versos do cotidiano, às vezes muito engraçados. O melhor puxador no entanto, era o próprio velho Japiassu. Cabe aqui dizer que naquela época o bacalhau e o fígado alemão eram baratíssimos. Só os pobres comiam esse tipo de proteína importada. A classe média quando queria comer, fechava as portas para que o cheiro não denunciasse que estava consumindo comida de pobre.

Seu Japiassu foi parte integrante da cultura cupirense, preservando e renovando a mazurca. Infelizmente o poder público deixou que o município de Agrestina tomasse para si, a paternidade da mazurca, cujo líder ancestral foi o grande velho Japiassu.